山 کوه

畑 کشتزار
ケシュトザール

↗ 首都カブールへ

★**ふもとの町バザラック**
パンシール県の県庁所在地。
山の学校から南へ歩いて2時間、
車で30分ほどかかる。

*うらの牧草地
子どもたちが、サッカーをして
おこられた。

*トイレ

*用水路

川 ダリヤー دریا

*ポーランデ川
バザラックでパンシール川に合流する。
パンシール川はカブール川と合流し、
隣国パキスタンのインダス川に流れこみ、
最後ははるかアラビア海へそそぐ。

*校舎
6つの教室と職員室がならぶ。
職員室のなかには図書コーナー
が設けてある。

教室 صنف
センフ

アフガニスタン
山の学校の子どもたち

Hiromi Nagakura 長倉洋海

偕成社

鋸の刃がならんだような、けわしいヒンズークシ山脈。
その曲がりくねった山路を、子どもたちが転げおちるように駆けてくる。
岩をまたぎ、小川を飛びこえ、やっと学校が見えてきた。

左：授業に遅れそうになって、飛ぶように学校へむかう3年生のローヤ
下：集落をすぎるたびに仲間たちがふえる。
　　家から学校までは平均1時間、なかには2時間かけてやってくる子もいる

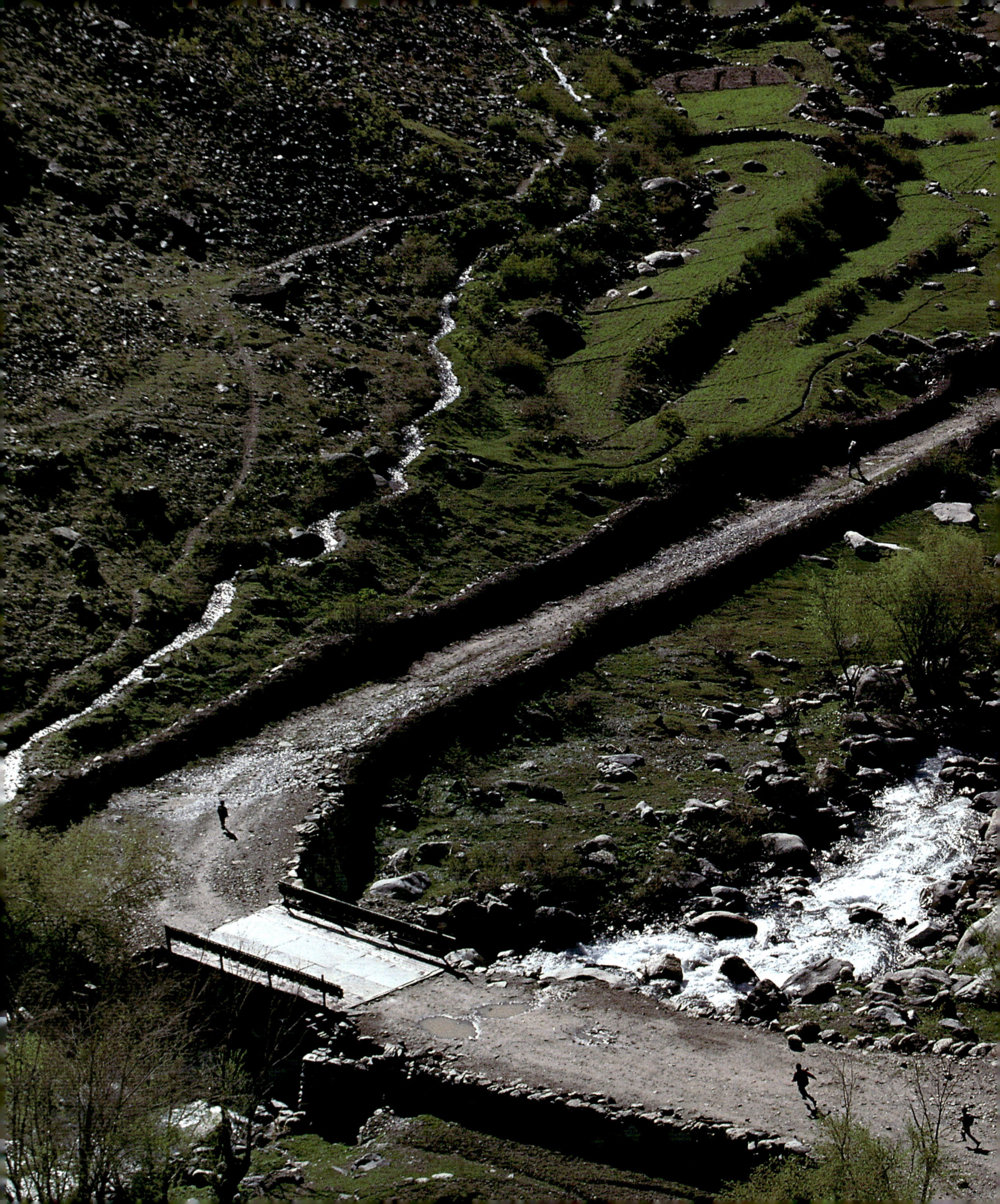

標高 2780 メートル。
ヒンズークシの雪どけ水が
ポーランデ川に流れこみ、急流となる。
そのほとりに、〈山の学校〉がある。
上流と下流の 10 の集落から、
170 人近くの子どもたちがかよってくる。

左上：教科書を読みながらやってきたアマヌラー（6年生）
左下：昨日も会ったのに、今日も朝から話がはずむ
上：地域の人々が自分たちの手で建てた学校。
　　コの字形に6つの教室がある

「サラーム・アレイコム」*1
「アレイコム・サラーム」*2 と、子どもたちの元気な声がとびかう。
朝8時、門番さんが鐘を鳴らすと、もうすぐ授業が始まる。

*1）イスラム圏共通のアラビア語で「こんにちは」。
　　直訳すると、「あなたの上に平安を」という意味になる
*2）あいさつの返礼で、「あなたの上にこそ、平安を」という意味

校舎には、窓ガラスも扉もない。
暑い日には、胡桃の葉をゆらす風が通り、ひんやりして心地いい。
寒い日には、吹きこむ強風に、体が縮みあがってしまう。
ときどき放牧中の牛が入ってきて、授業が中断する。

上左：陽光のさしこむ窓の下で書き取りをする
上右：地面にはらばいになって黒板の字をうつす
下：ダリ語（国語）の授業。黒板の字を読む3年生のザミラ
右：先生のまえで歴史の教科書を読む2年生のヴァファール

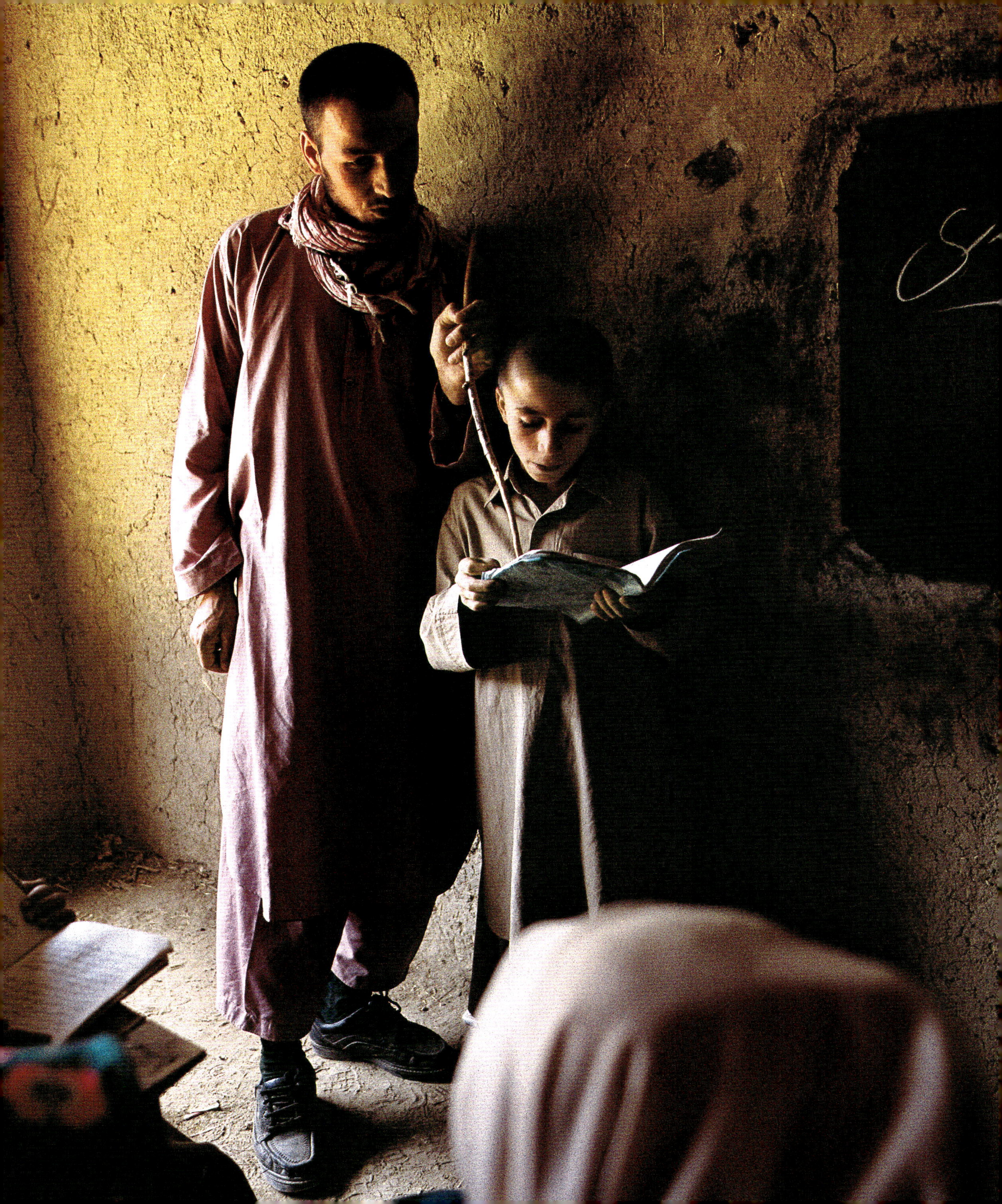

「わたしの国アフガニスタン」
「美しい国アフガニスタン」……
教科書を斉唱(せいしょう)する元気な声が、
山間(やまあい)の学校にひびく。

上:ノートに覚えたての字を書く
左:真剣な表情で、黒板の字を見る1年生のゼケルラー
右:黒板の字を読むローヤ

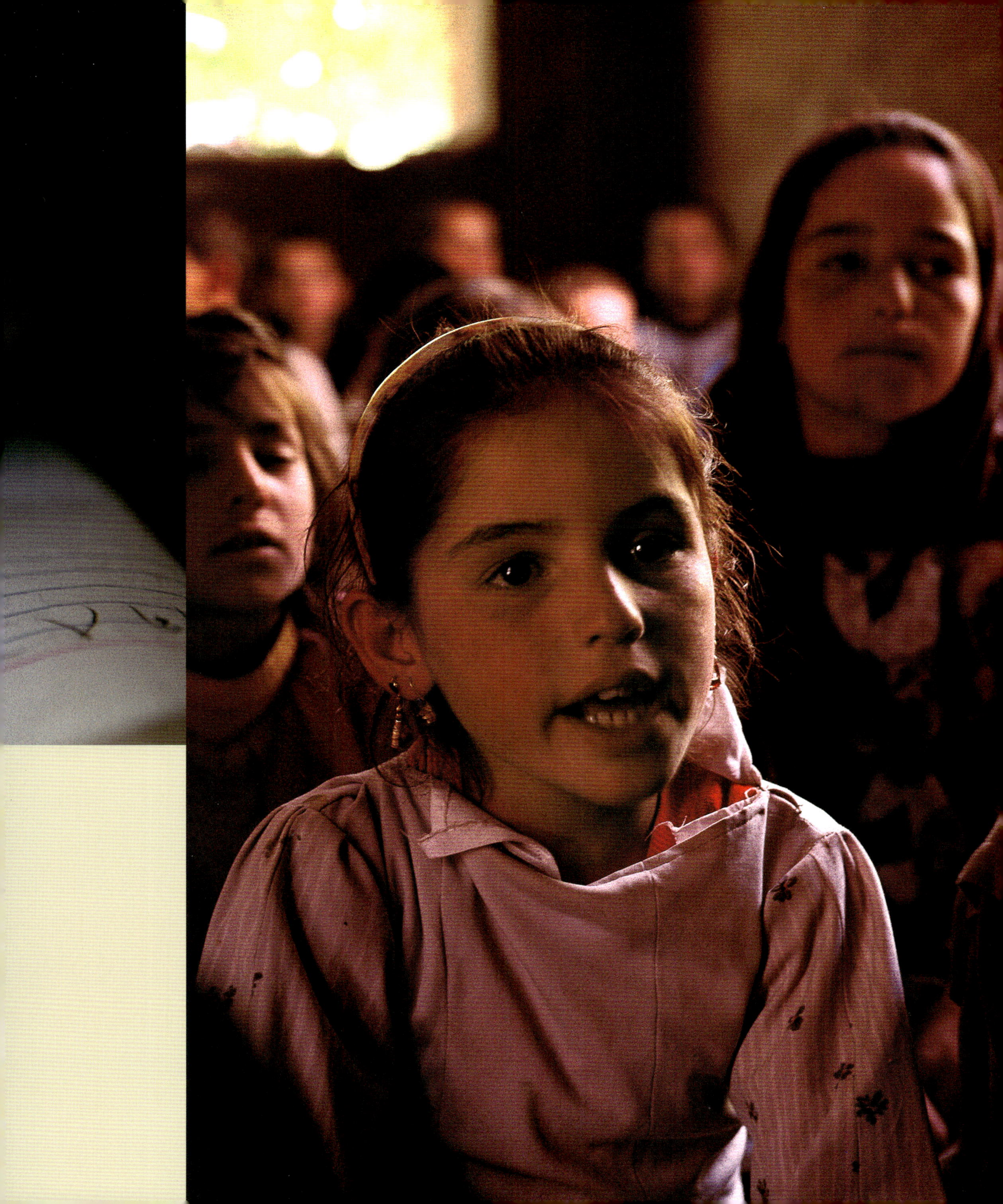

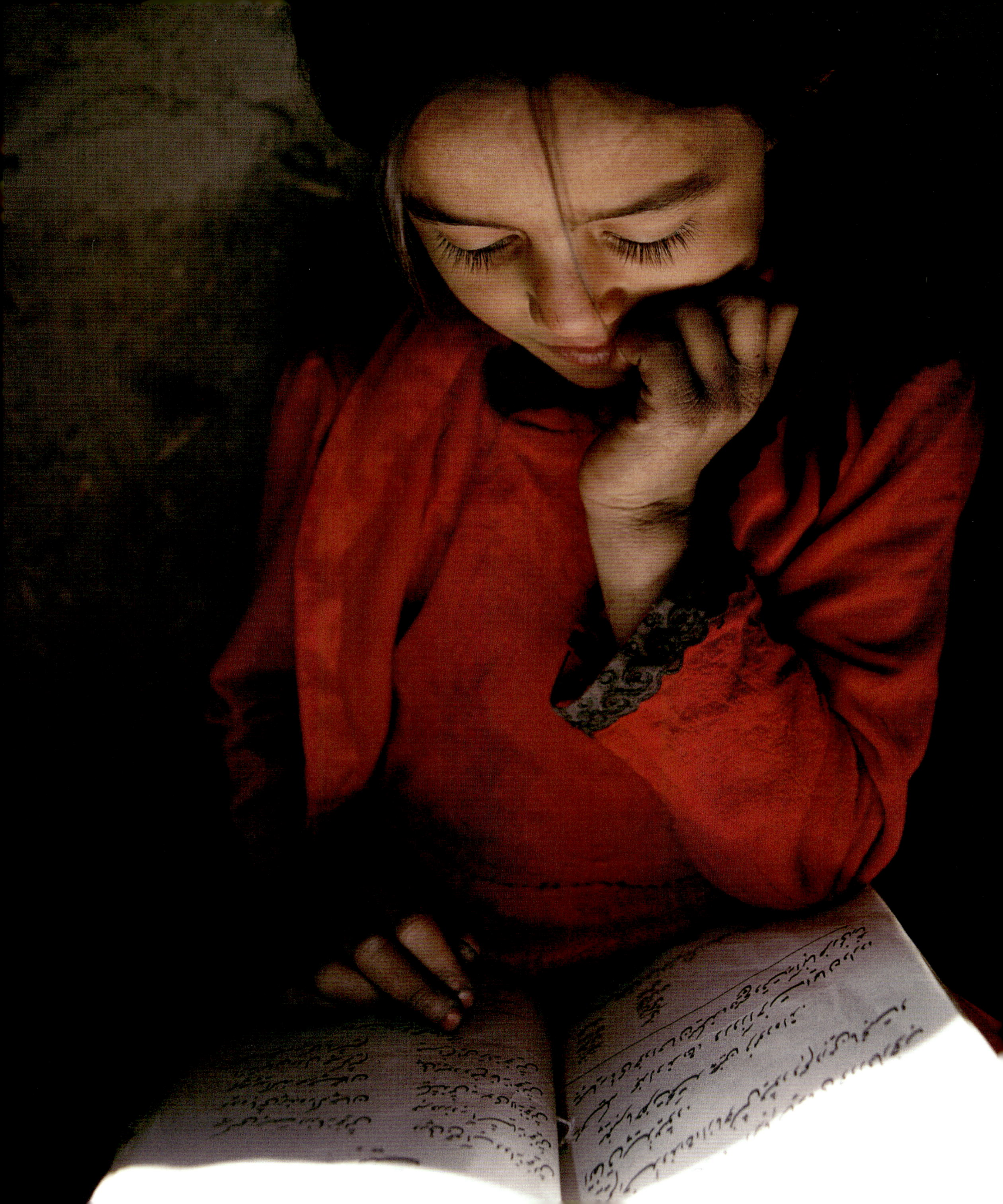

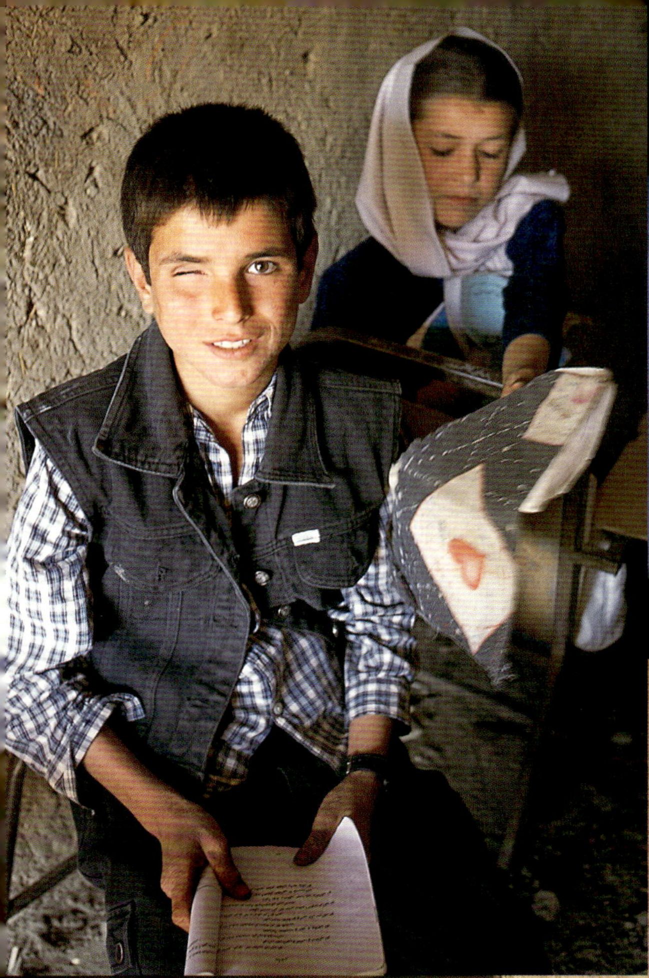

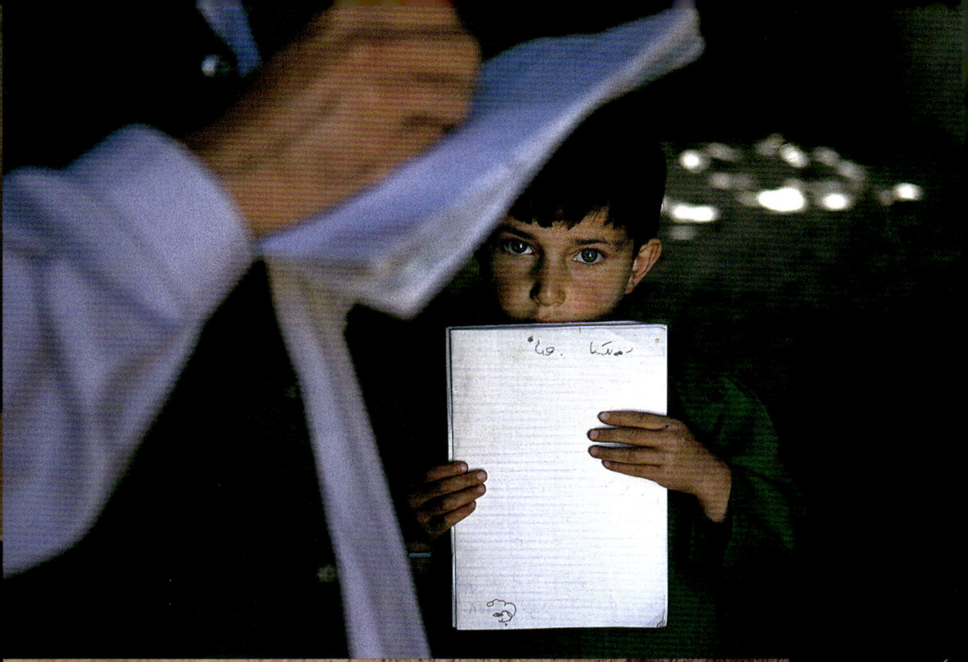

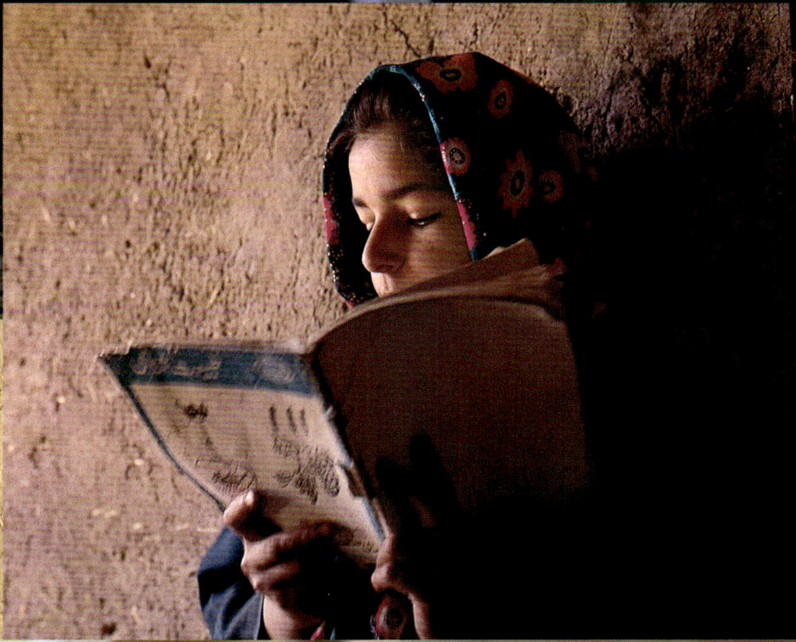

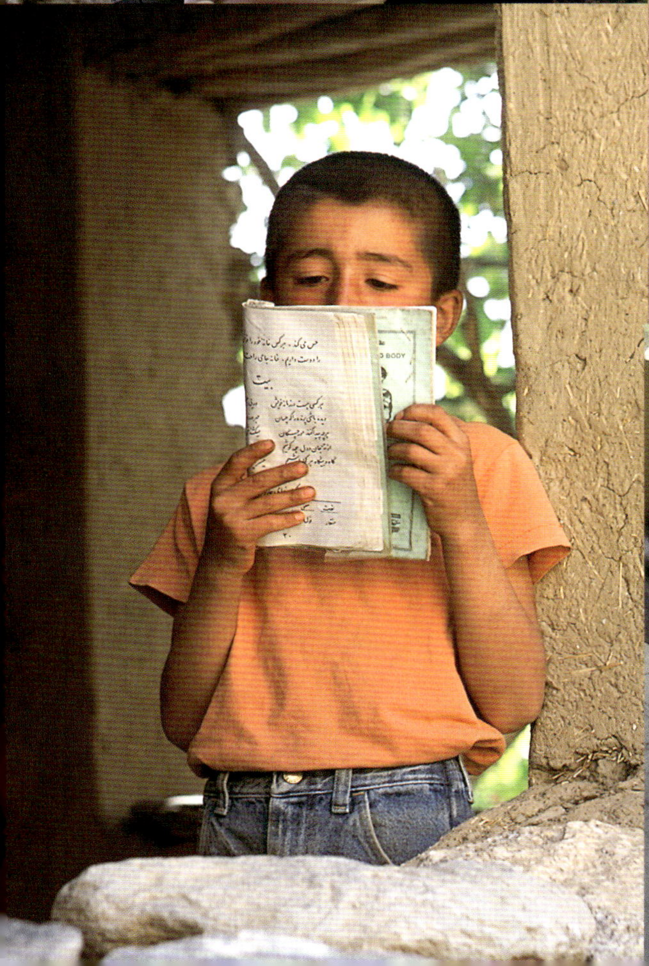

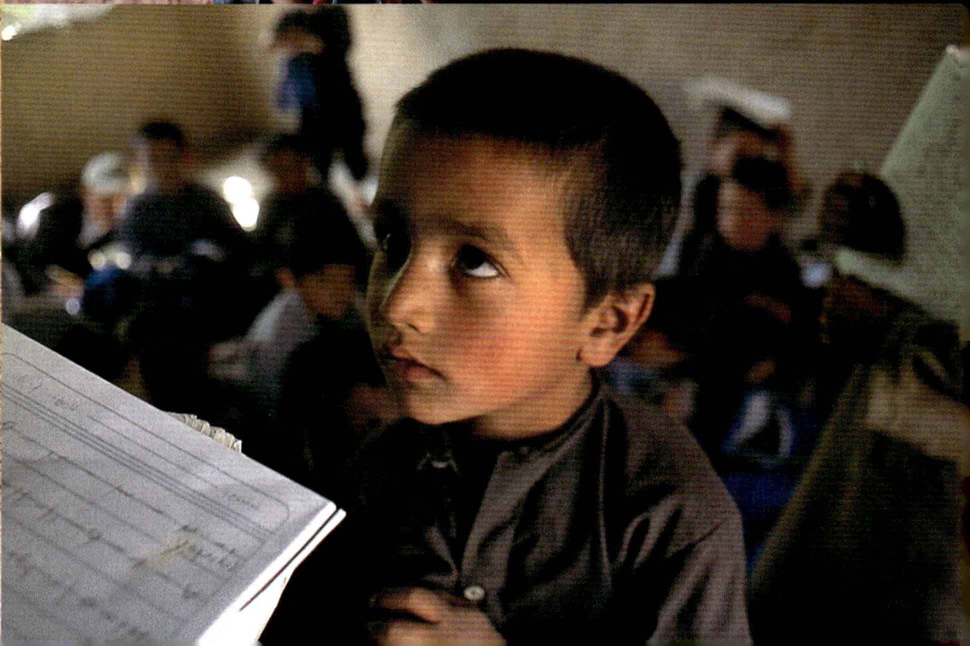

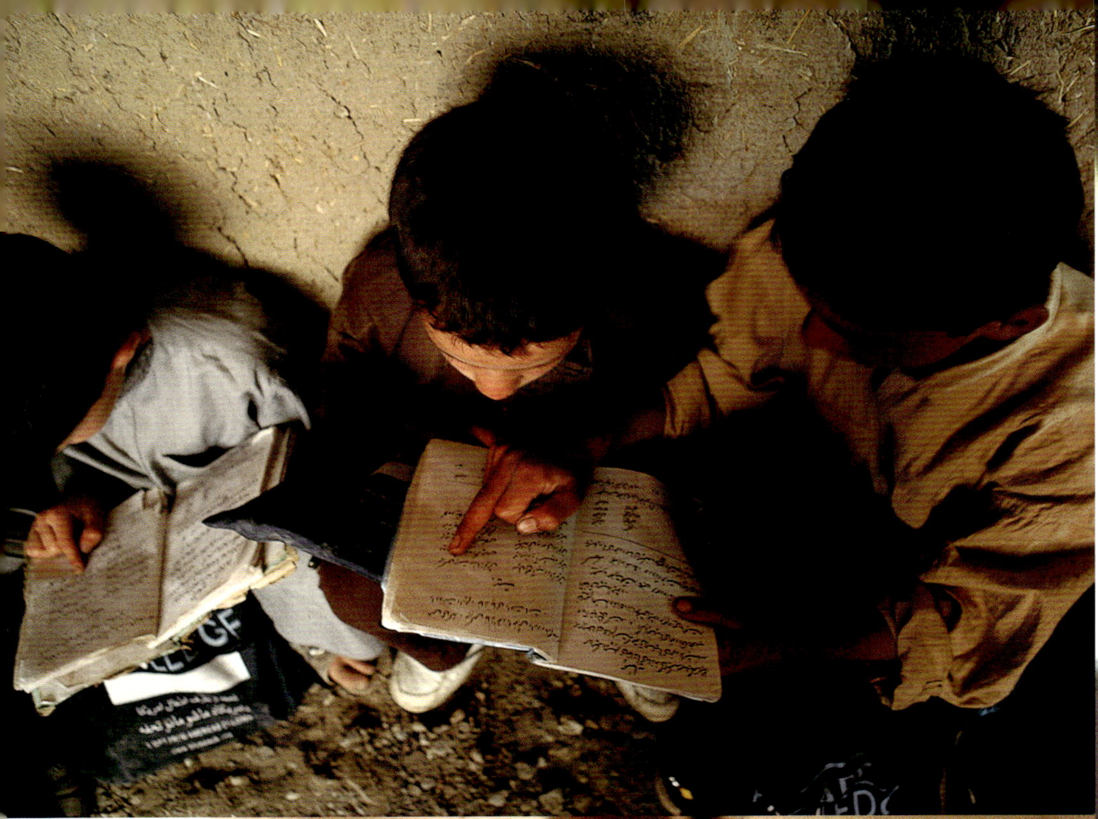

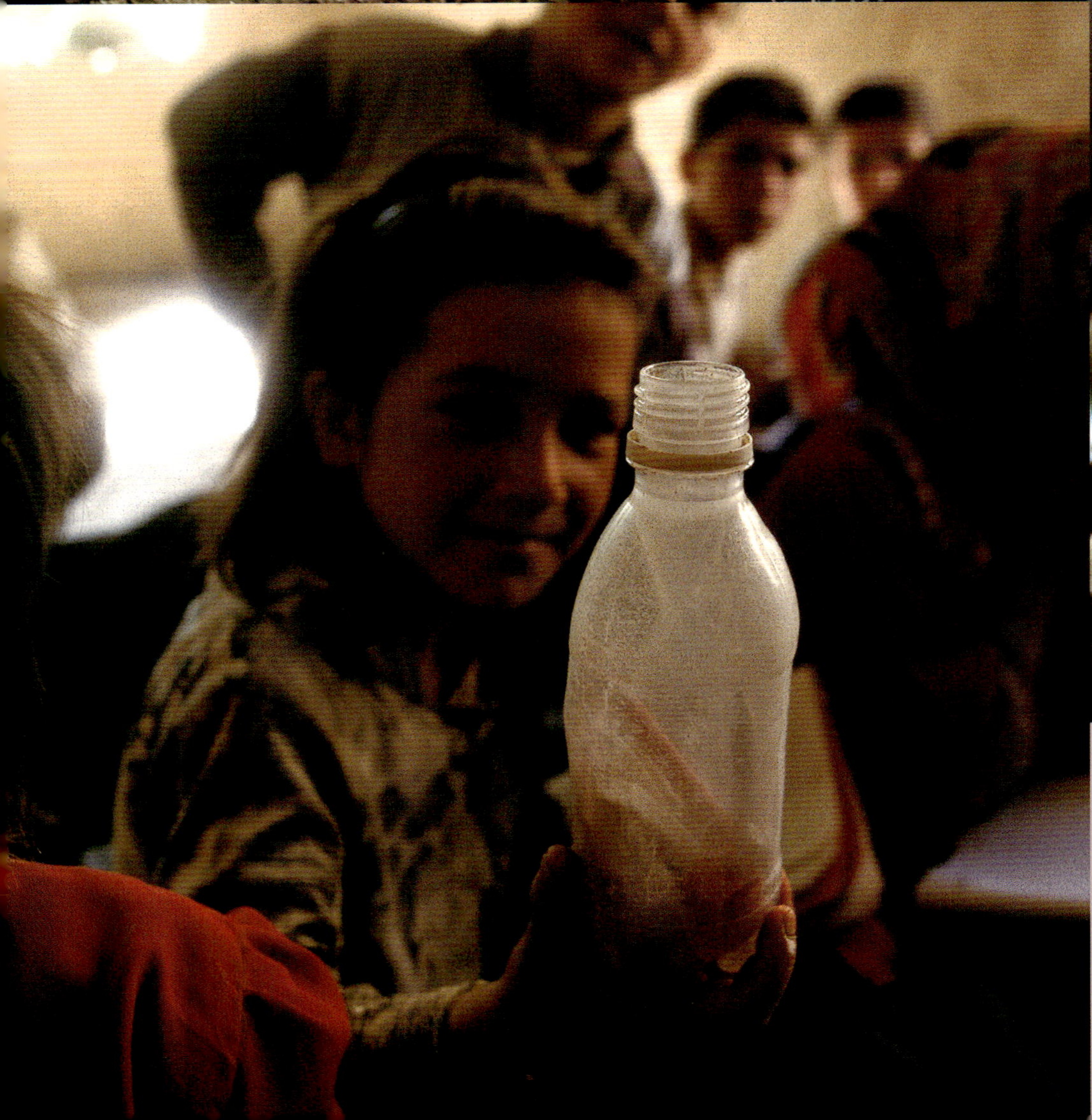

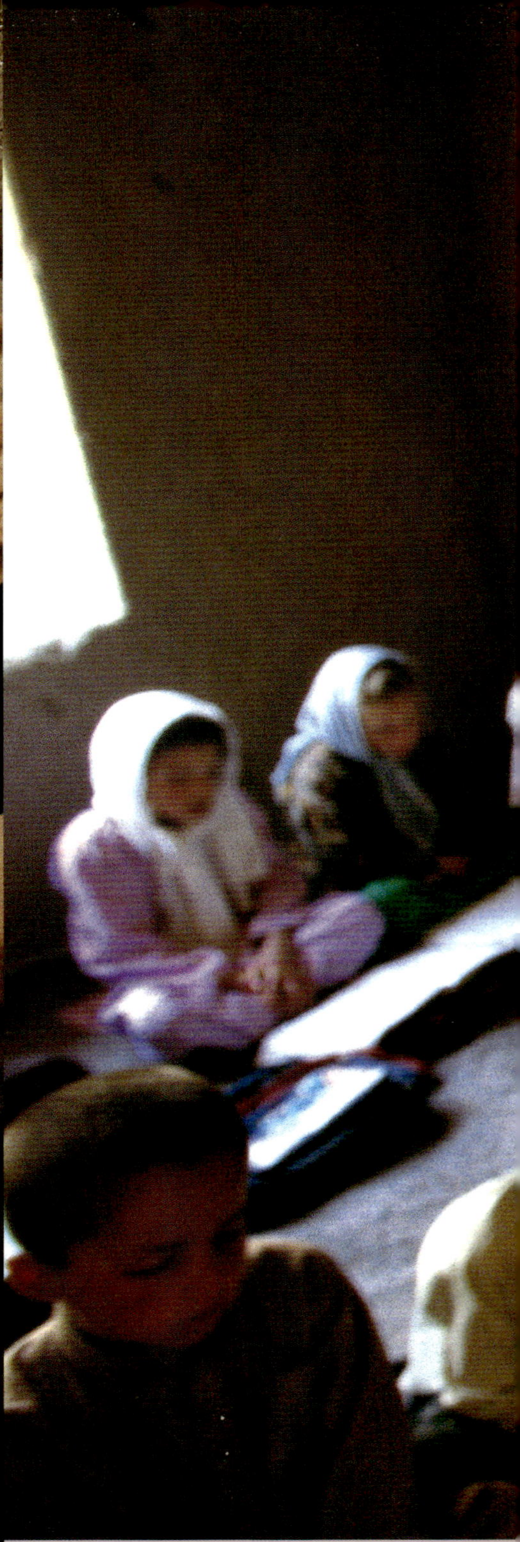

教科書が足りないから、いっしょに見る。
筆箱(ふでばこ)がないから、ペットボトルにえんぴつを入れる。
いすがないから、石をならべてすわる。

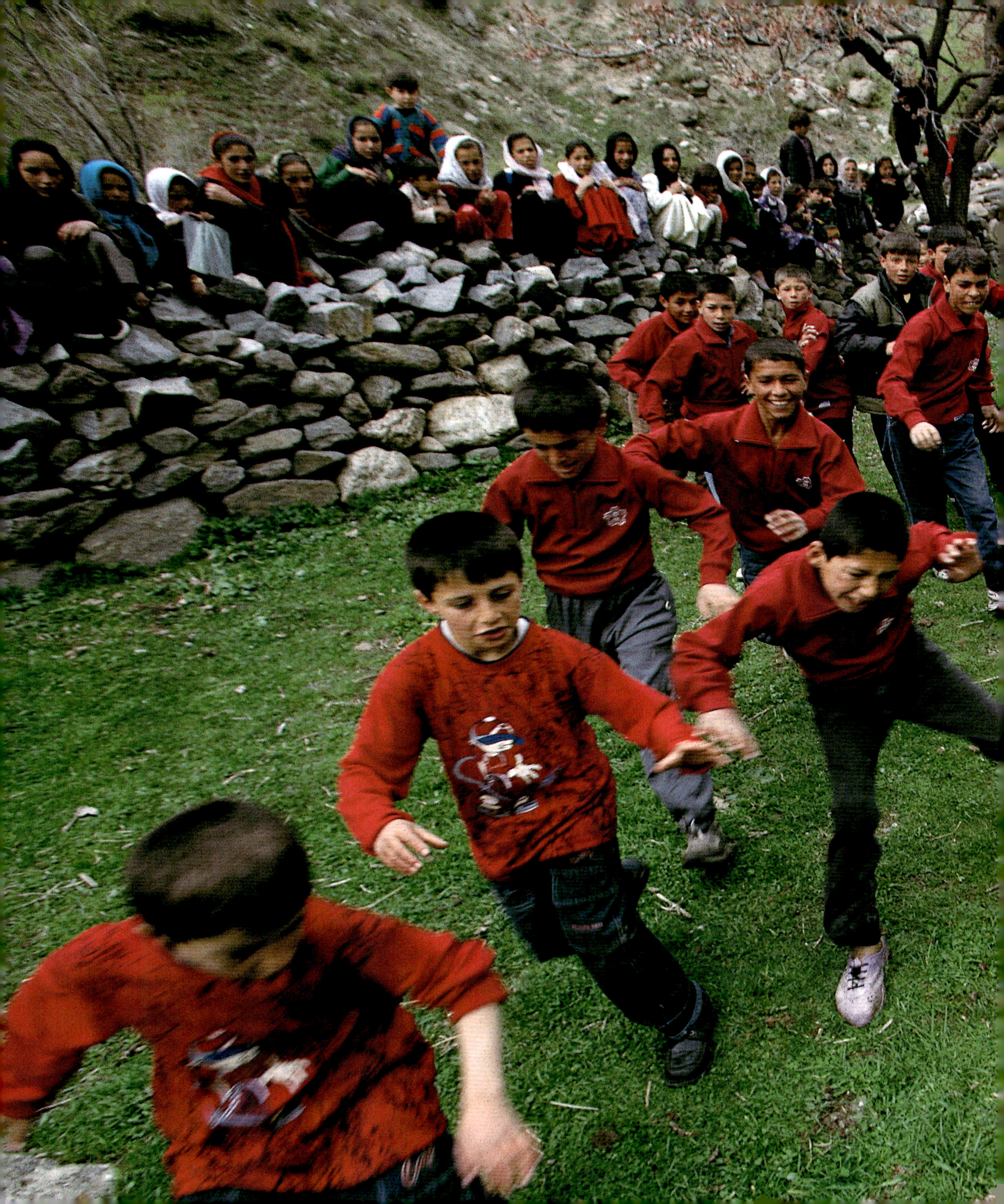

休み時間。子どもたちが外にドッと飛びだした。
新しいサッカーボールに歓声(かんせい)があがる。

運動場はない。
でも、作物を刈(か)り入(い)れたあとの畑がある。
学校につづく小道がある。
どこでも、子どもたちの遊び場になる。

左：友だちを持ちあげて、大さわぎ
上：学校のまえの道路で、なわとびをするサメイ（3年生）

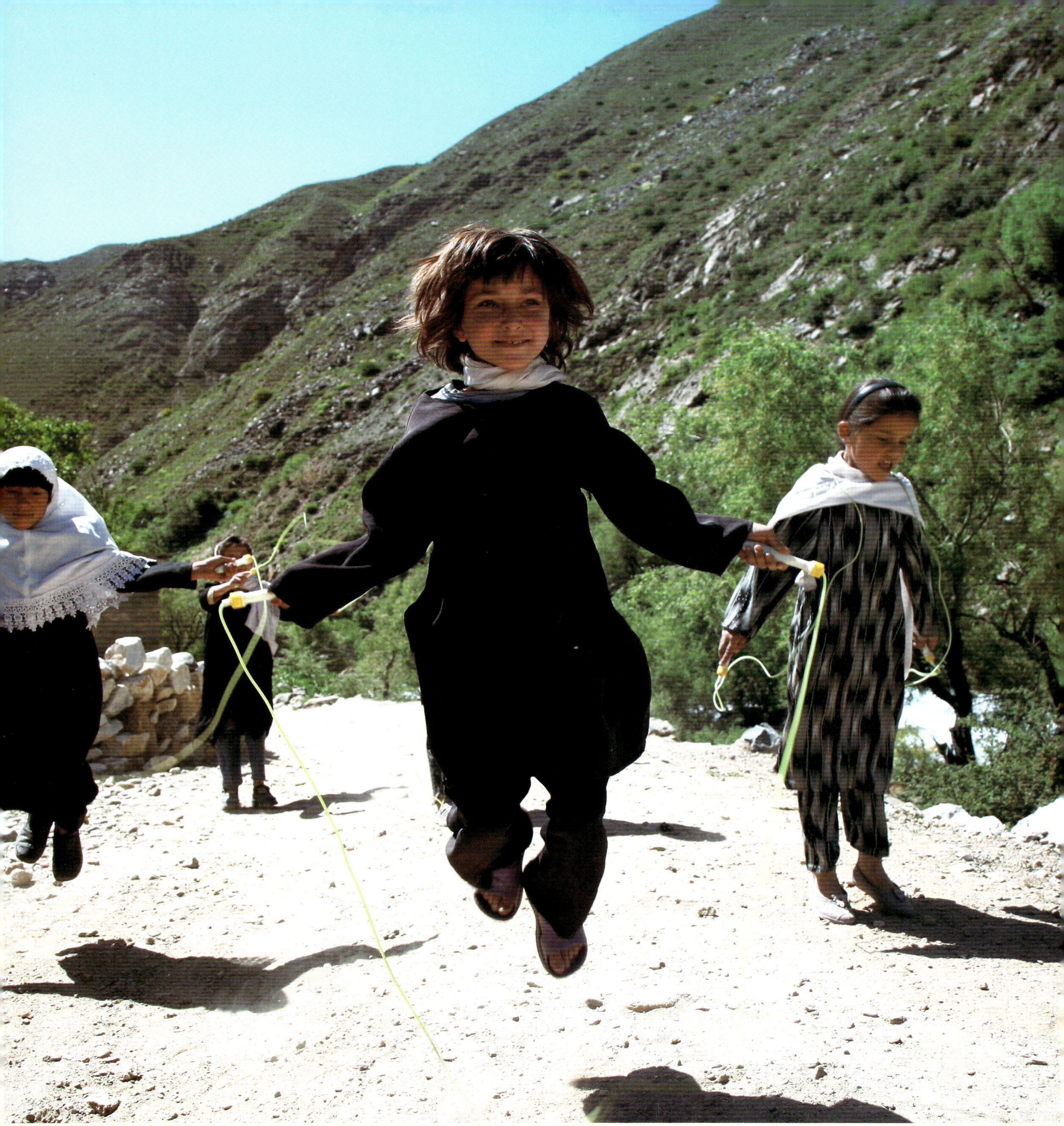

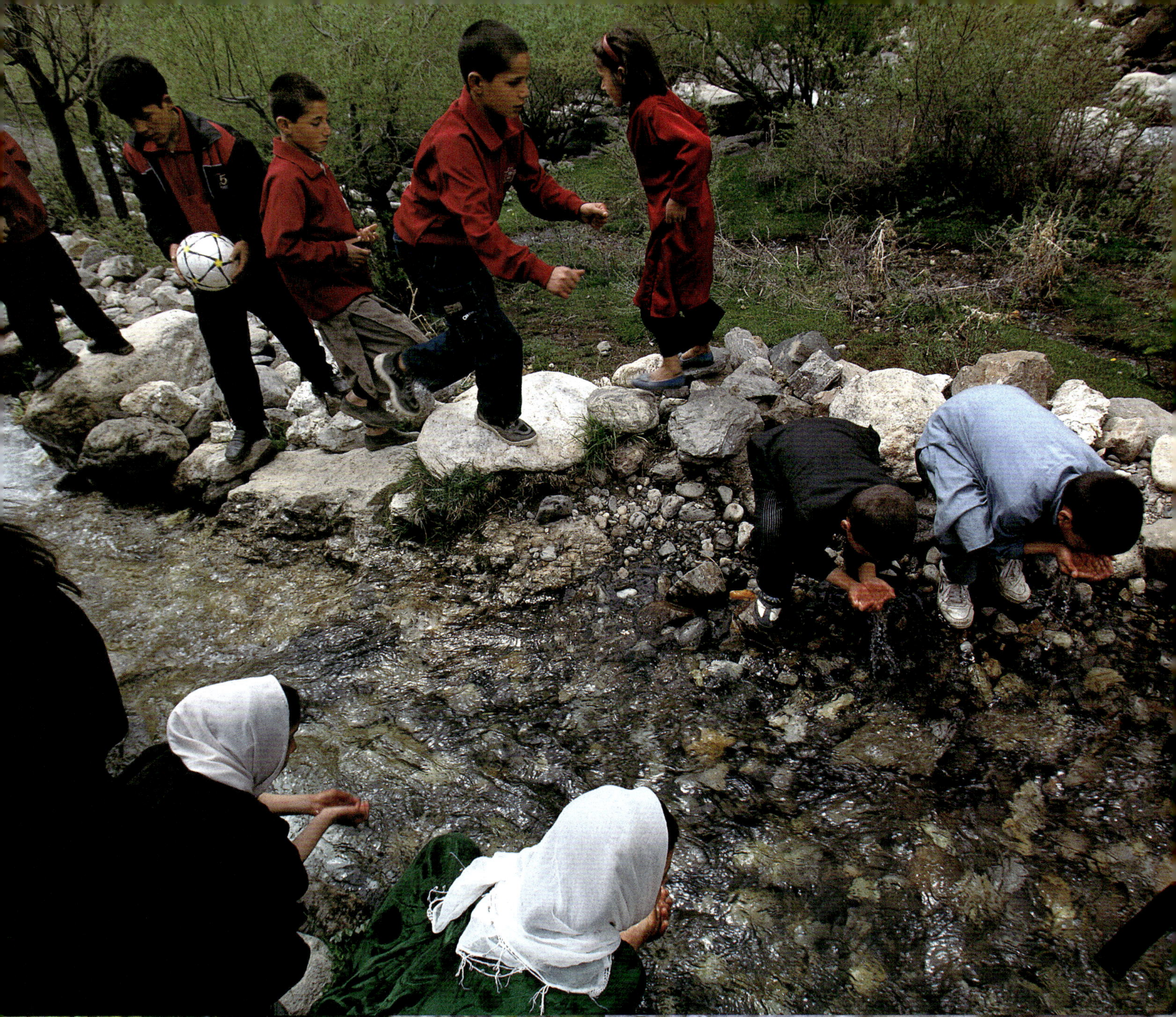
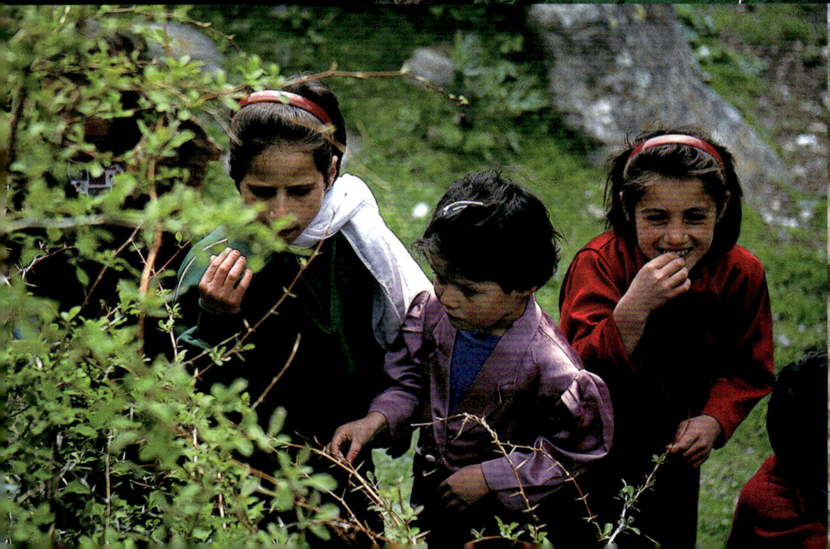
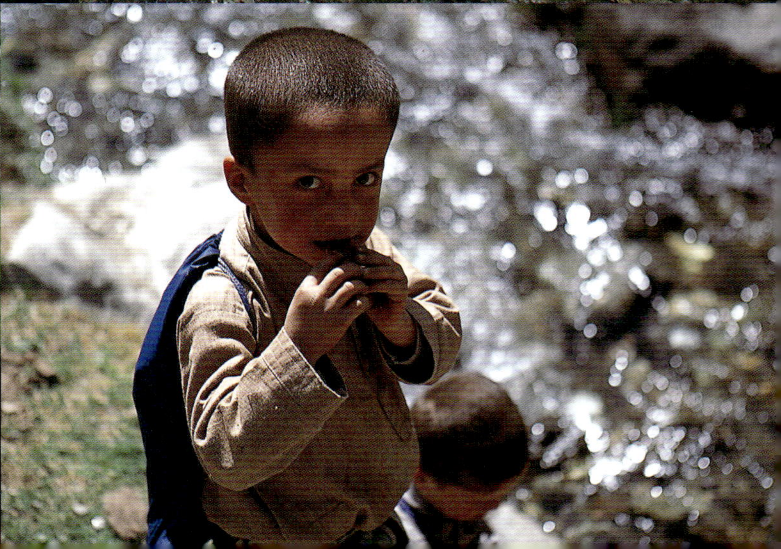

雪どけ水が流れる用水路。
村の人たちの、たいせつな生活の水だ。
川底の小石が、キラキラと
宝石のように輝いている。

右ページ
上：家で食べそこなった、朝食のナンをもってきて食べる
中：収穫した胡桃。
　　さわると、シブで手がまっ黒になってしまう
下：家からおやつにもってきたりんごをさしだす

左ページ
上：学校のわきを流れる用水路の水を飲む
下左：甘酸っぱいアハマの実をとって食べる
下右：用水路の水を飲みながら、ナン（パン）をほおばる

学校が終わるのは12時。長い山路(やまみち)を、ゆっくりと歩いて帰る。
咲きみだれる花をつんだり、冷たい川に足をつけたり、寄り道(よりみち)しながら。
でも家が見えてくると、きゅうにお腹(なか)がすいてきて、小走りになる。

上段、左から右へ
　小麦をひく水車小屋にこしかける
　畑のよこを通って、家に帰る兄と妹
　小川のほとりに咲く高山植物
　冷たい渓流に足をひたす

下段左：授業につれてきていた弟をだいて下校する生徒
下段右：小麦を刈り入れたあとの畑でサッカーをする

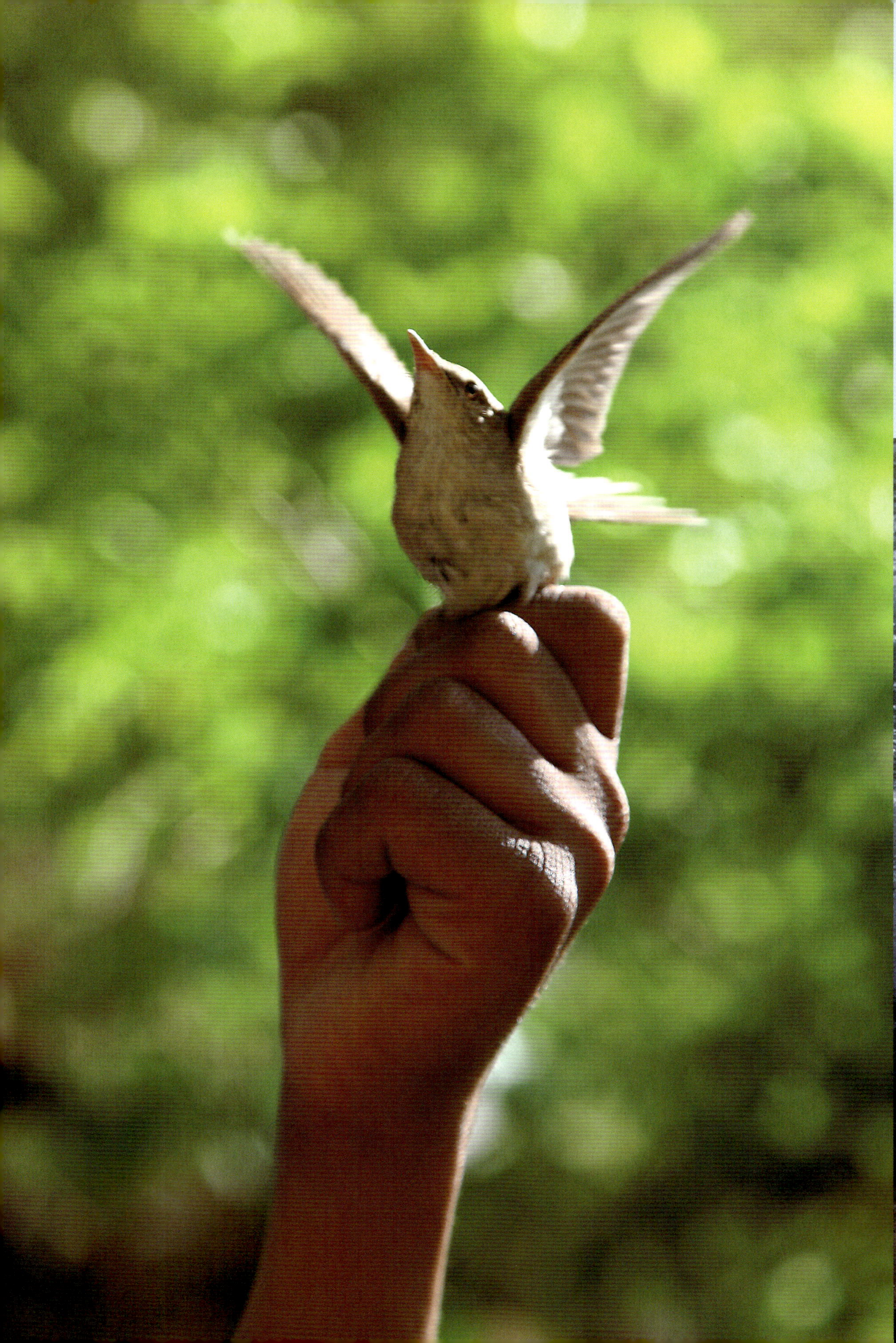
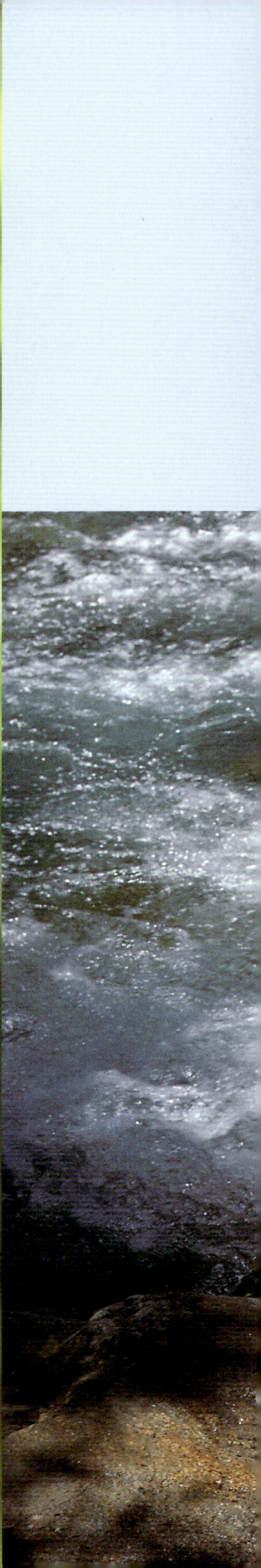

峡谷の夏は暑い。
太陽が強烈に照りつけ、
頭がクラクラしてしまうほどだ。
こんな日の午後は、
家族みんなで木陰に涼み、
川で冷やしたスイカや桑の実を食べる。

左ページ：野生の小鳥をつかまえた。
　　　　　手をはなすと、元気よく飛んでいった
右・下：父さんが流れをせきとめて作ってくれたプールで遊ぶ。
　　　　川のなかは、歯がカタカタ鳴るほど冷たい

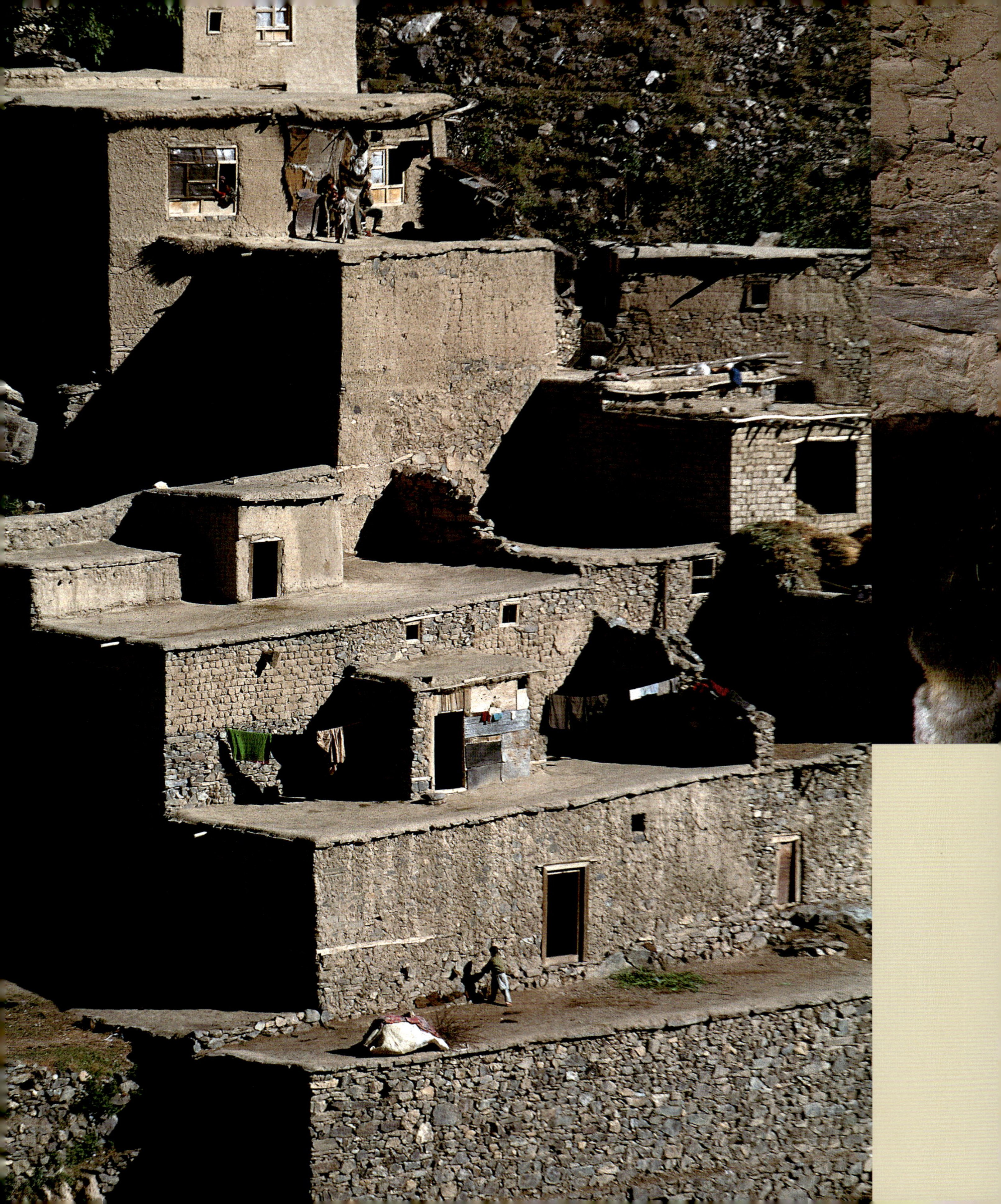

家の1階は家畜用の部屋になっていて、羊や山羊、ろば、牛、鶏がいる。
家畜の世話は、学校から帰った子どもたちの仕事だ。
牛の乳からバターやチーズが、山羊の乳からはおいしいヨーグルトができる。
羊はあたたかい毛をくれ、ろばは山のような荷をはこび、鶏は卵を生んでくれる。
一生懸命に面倒をみると、家畜はきちんと恵みをくれる。

左：土壁の家が軒をつらねる。ここに5家族がくらす。
上：1階から家畜をおもてに出したアズィザ（3年生）

峡谷には平らな土地が少ないから、どの家も山の斜面にある。
石を積み上げ、土壁をぬった家は、城塞のようだ。

上：放牧を終えて、羊と山羊を家までつれかえる
右上：ろばに乗って放牧に出るアミン（2年生）
右中：カーテンのむこうに、ヒンズークシの山並みが見える
右下：世話している羊をだきあげる

ゴォーゴォー…。
集落は川にそって点在する。川の音はどこにいても聞こえてくる。
子どもたちは、この川の音を子守唄のように聞いて育つ。

上：川から水をくむ。この水で顔を洗い、煮炊きをする
右上：川にかかる木の橋
右下：お客さんが食事のまえに手を洗うのをてつだう

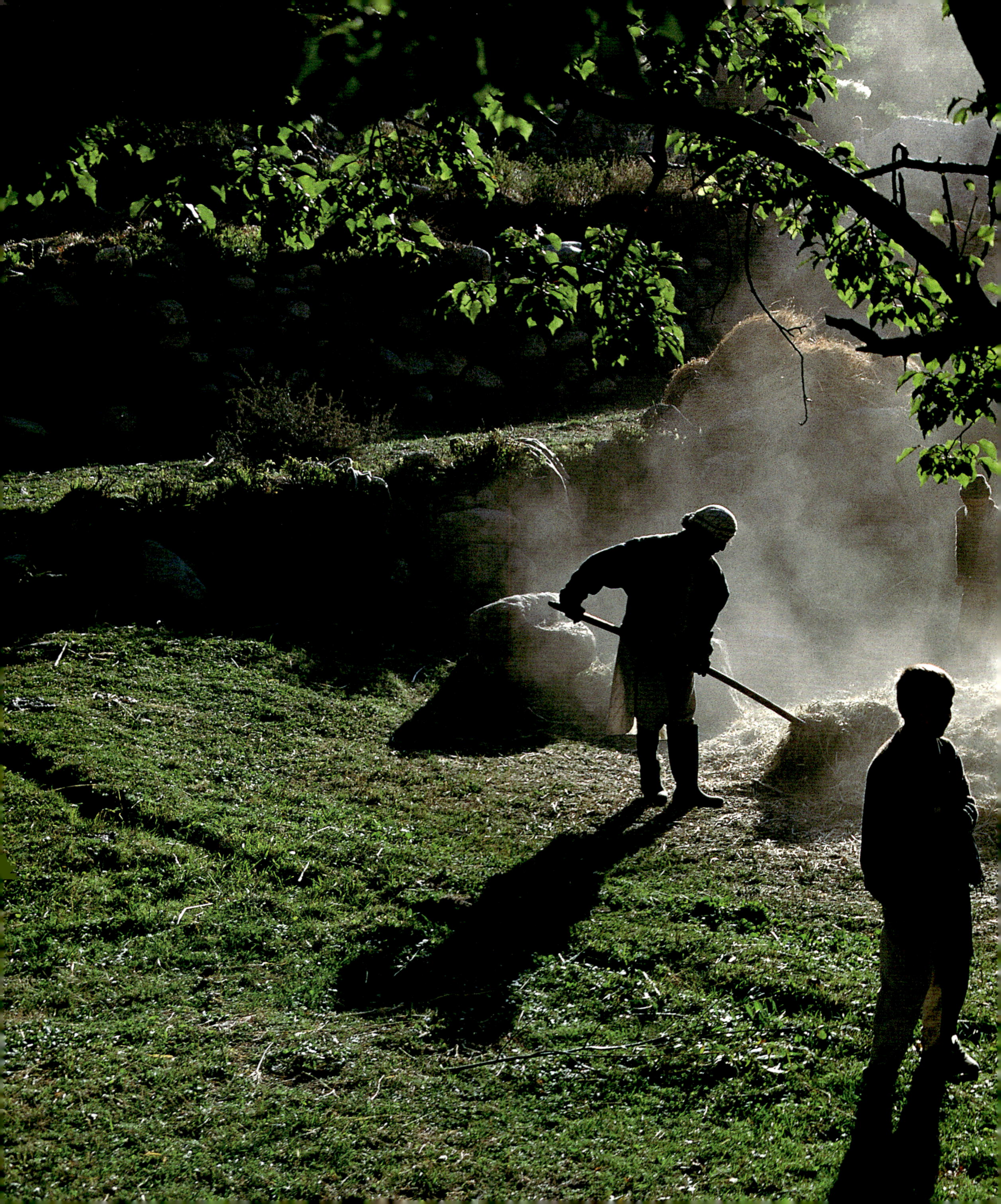

収穫した小麦を地面にしき、牛をつかって脱穀する。
少年が牛の尾をにぎって小麦の上を歩かせると、
殻から小麦が顔を出す

上：山間のわずかな土地をたがやす家族。5歳のモズガァがこちらを見る
右：斜面を整地するラハマディン（4年生）とアミルディン（1年生）の兄弟

小麦の収穫が終わる6月、つぎはトウモロコシを植える。
刈り入れがいそがしい時期は、
子どもたちも学校を休んで家の仕事をてつだう。
父と母、兄と姉、ばあちゃんもじいちゃんも一緒だ。

家畜の荒縄をひく。鋤をふるう。水仕事をする。
子どもたちの手はよごれ、ひび割れている。
たくましい、働く手だ。

左：ろばをつれて、トウモロコシ畑をいく女の子
上：子守をするシーラ（3年生）

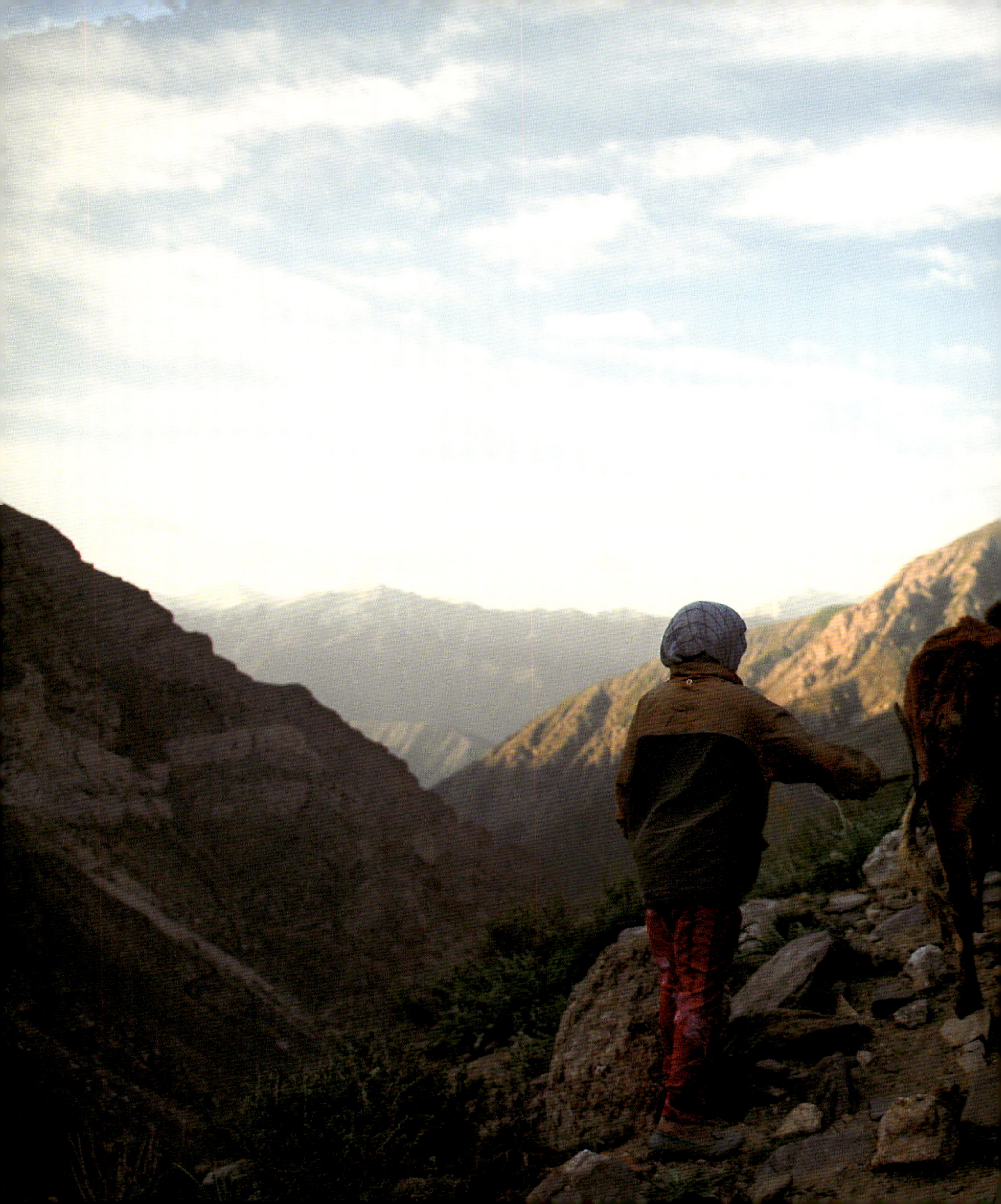

「ハッ、ハッ」——。
まだ日が昇らない早朝、息をはずませながら、
3000メートル近い山の斜面をいく。
岩のあいだに生えている草を、牛に食べさせるためだ。
家が遠くに小さく見え、そこから朝ごはんの煙があがっている。

左上：紅茶を入れるグラスをはこぶゼルミナ（3年生）

左下：まだあたたかいナンとバター、牛乳が
　　　今日の朝食だ

上：床にビニールをしき、朝食が始まる

早朝の仕事を終え、父さんと朝食をとる。
母さんは子どもたちと交代で放牧にいってしまったが、
母さんが焼いたナンと牛乳入りの熱いお茶が、
体をあたためてくれる。
子どもたちはこれから学校へ、
父さんは夕方まで畑仕事だ。

部屋の床にはじゅうたんがしかれ、みんなが集まる居間には、こたつがある。
昼間、壁ぎわにならべられていた座布団が、夜はみんなの敷布団になる。
石と土壁でできた家は、峡谷の寒い冬でもあたたかい。
居間の飾り棚には、
刺繍布でたいせつに包まれたコーランがある。

上：こたつから顔を出すマリナ（2年生）
　　こたつは、なかに炭を入れてあたためている

右ページ

上左：こたつに入った子どもたち。
　　　お父さんは戦争で死んだ
上右：伝統的なレスリング"パラワニ"でくみあう男の子
中左：階下から子牛があがってきた
中右：宿題をするゼルミナ
下左：ゆりかごで寝る赤ん坊
下右：起きたばかりのゼルミナ

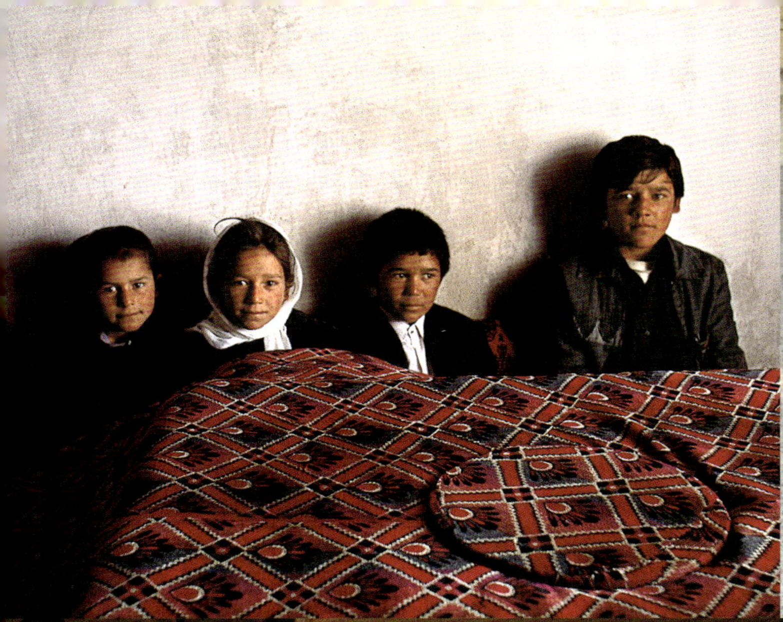
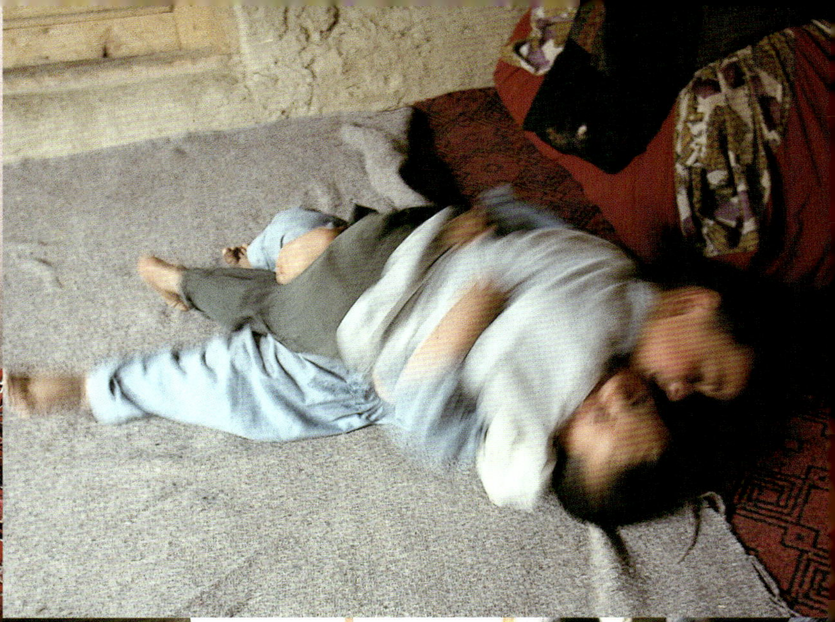
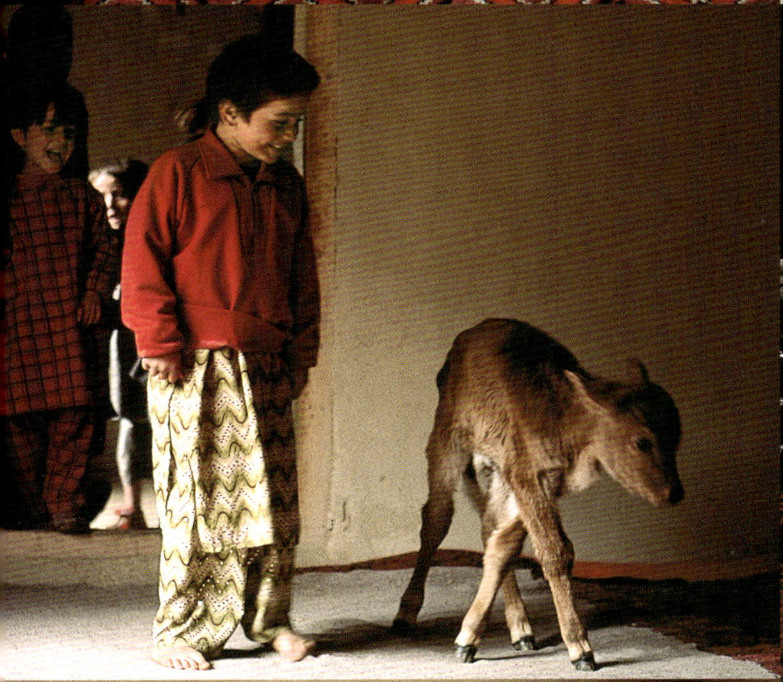
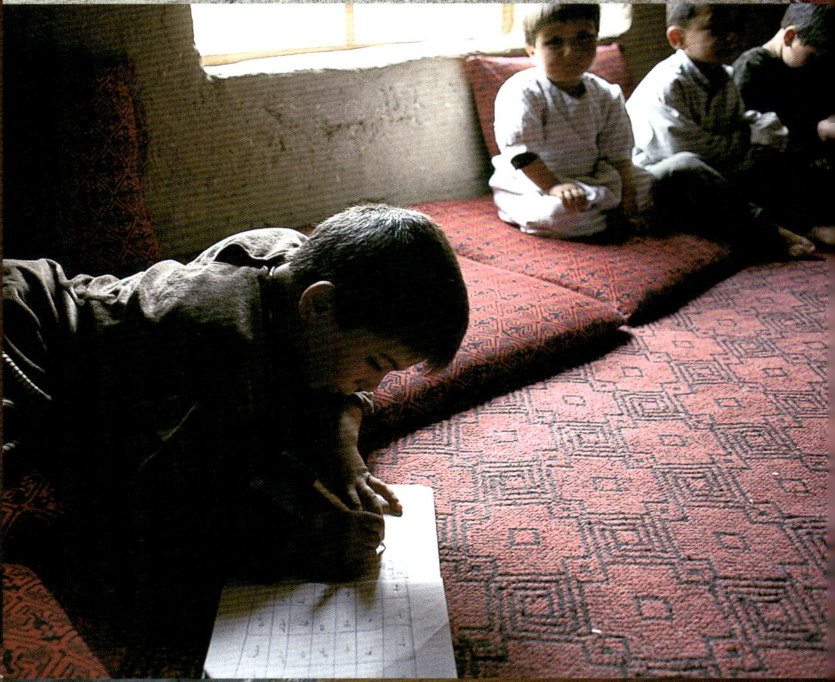
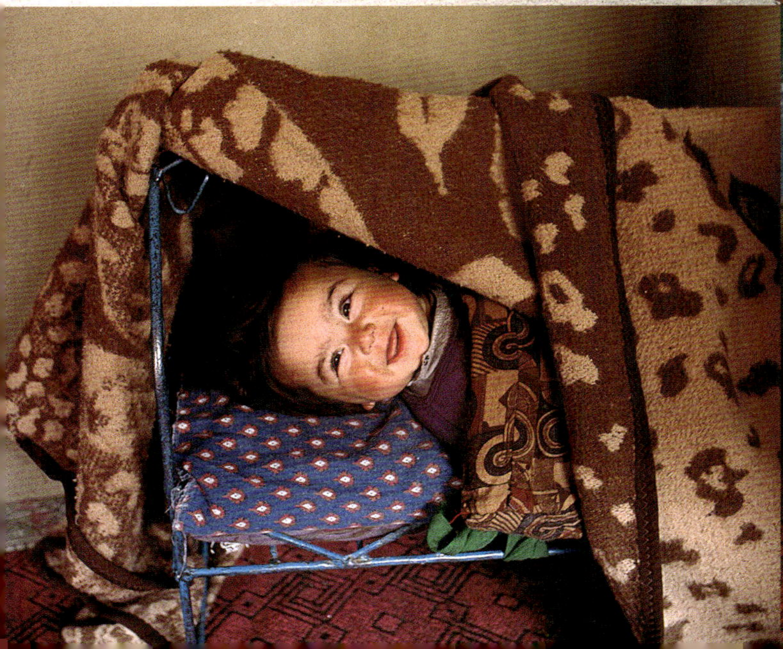
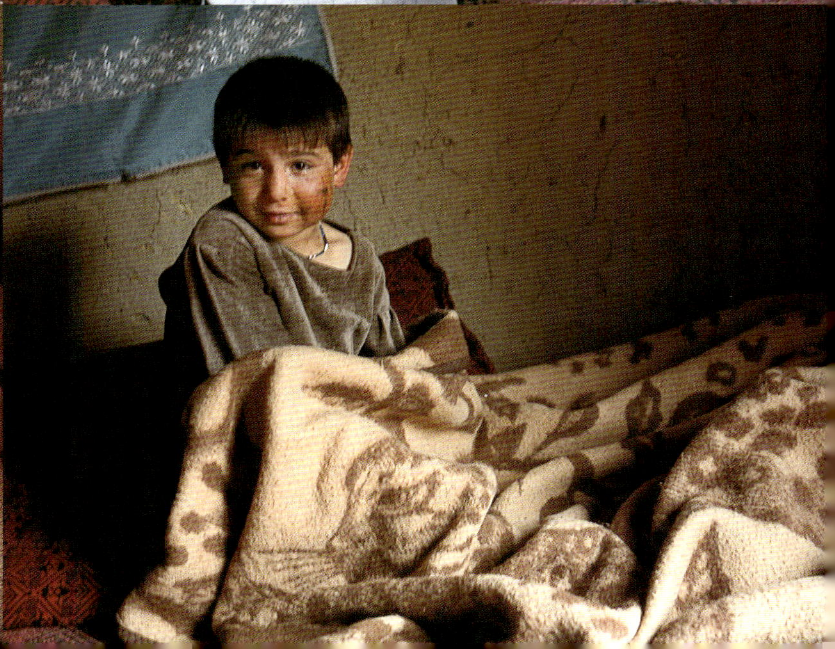

左上：月が昇ると静けさが増し、川の音だけが聞こえる
左中：ランプをつける父を見守る
左下：宴のとちゅうで、ねむくなってしまったカティブ（1年生）
上：山羊の皮をはったダイラ（タンバリン）をにぎやかにたたく

夕方、放牧からもどり、家畜を家に入れると一日が終わる。
今日はお客さんを迎え、宴がひらかれた。
村の伝統的な歌に、子どもたちがタンバリンを鳴らし、手拍子をうつ。

山の学校の校舎は戦争中、難民の避難所としてつかわれ、
学校は長いあいだ閉鎖されていた。
ふたたび授業が行われるようになって3年目のこの日、
なにもない学校に、ぴかぴかの机といすがはこびこまれた。
日本の人たちからのプレゼントだ。

左上：カブールからとどいた長いすを、おもてでくみたてる
左下：机といすを教室にはこびいれる生徒たち
上：新しい机といすに、どこか緊張ぎみ

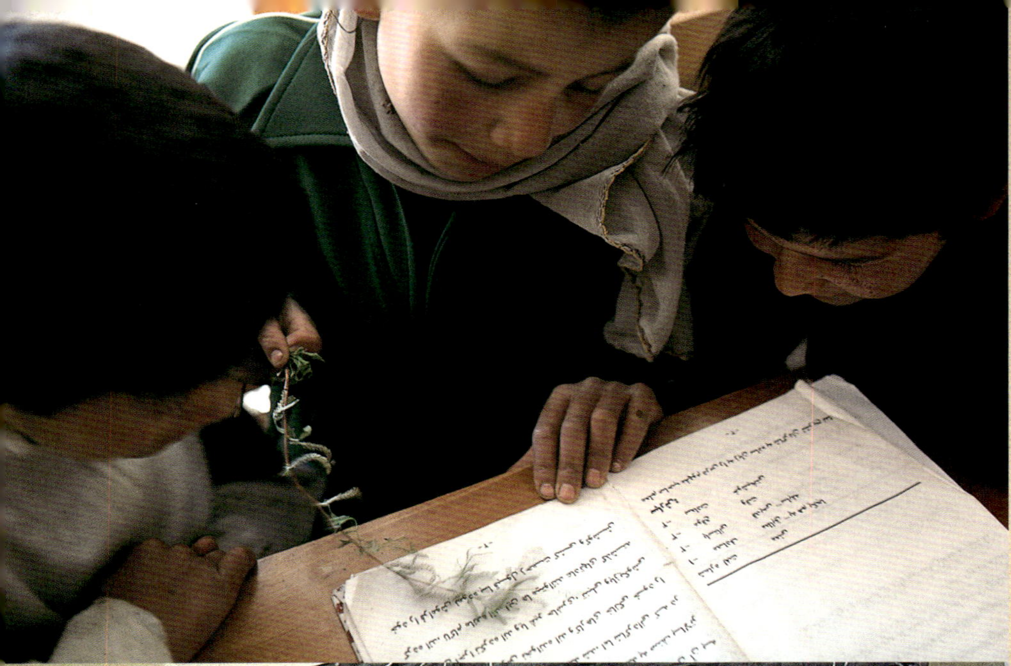

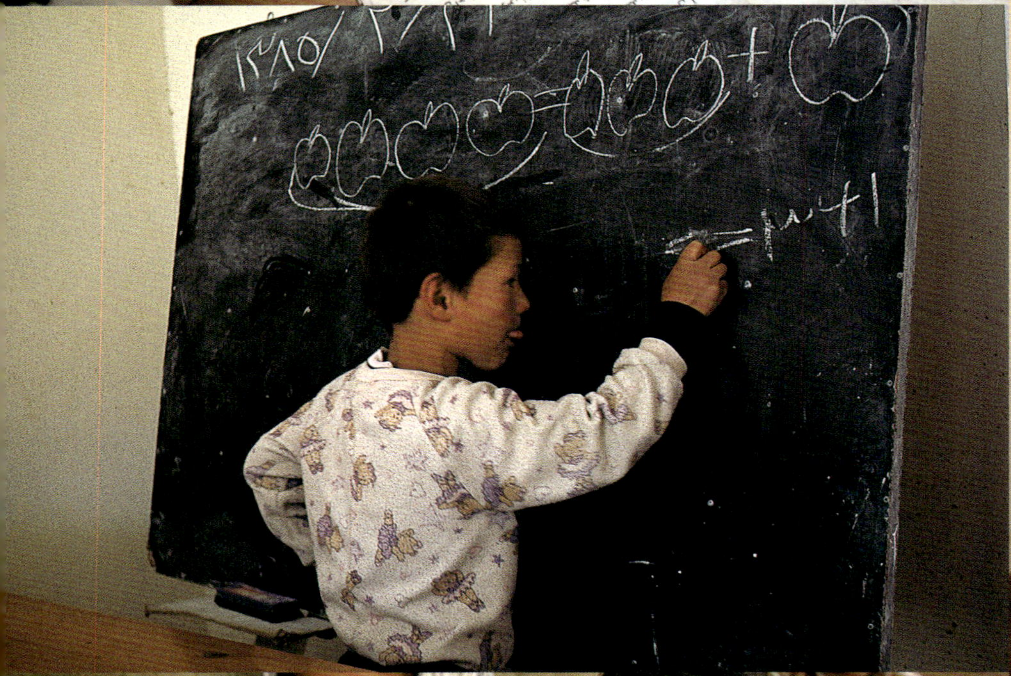

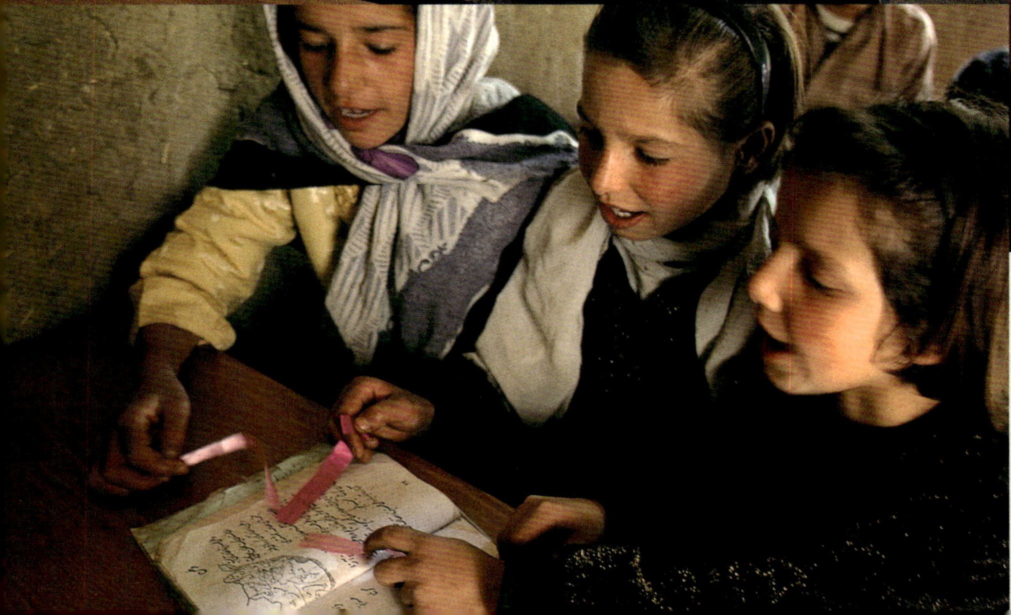

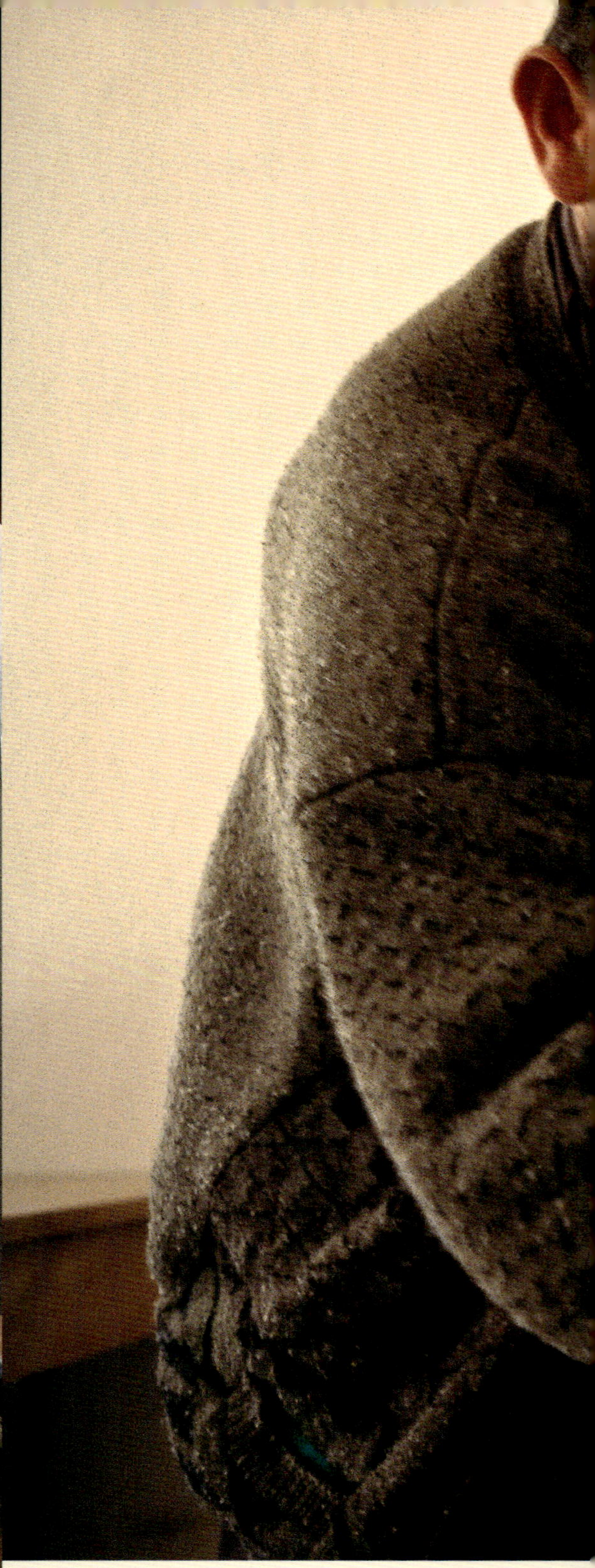

黒板に、おぼえたてのダリ語が踊る。
字が読めると、新しい世界がひろがってくる。

左上：教科書の字を木の枝で追う2年生
左中：りんごの絵で足し算をするアミン
　　　アラビア文字は、右から左へと書く
左下：一冊の教科書を3人で見る2年生
上：先生に数字を書くのをてつだってもらうマリナ

お医者さん、エンジニア、先生、大臣、パイロット……。
学校は、それぞれの夢にむかって飛びたつための、たいせつな翼だ。

下：机にほおづえをつくマルガ（2年生）
右：1年生のナビール（手前）とサブール（奥）

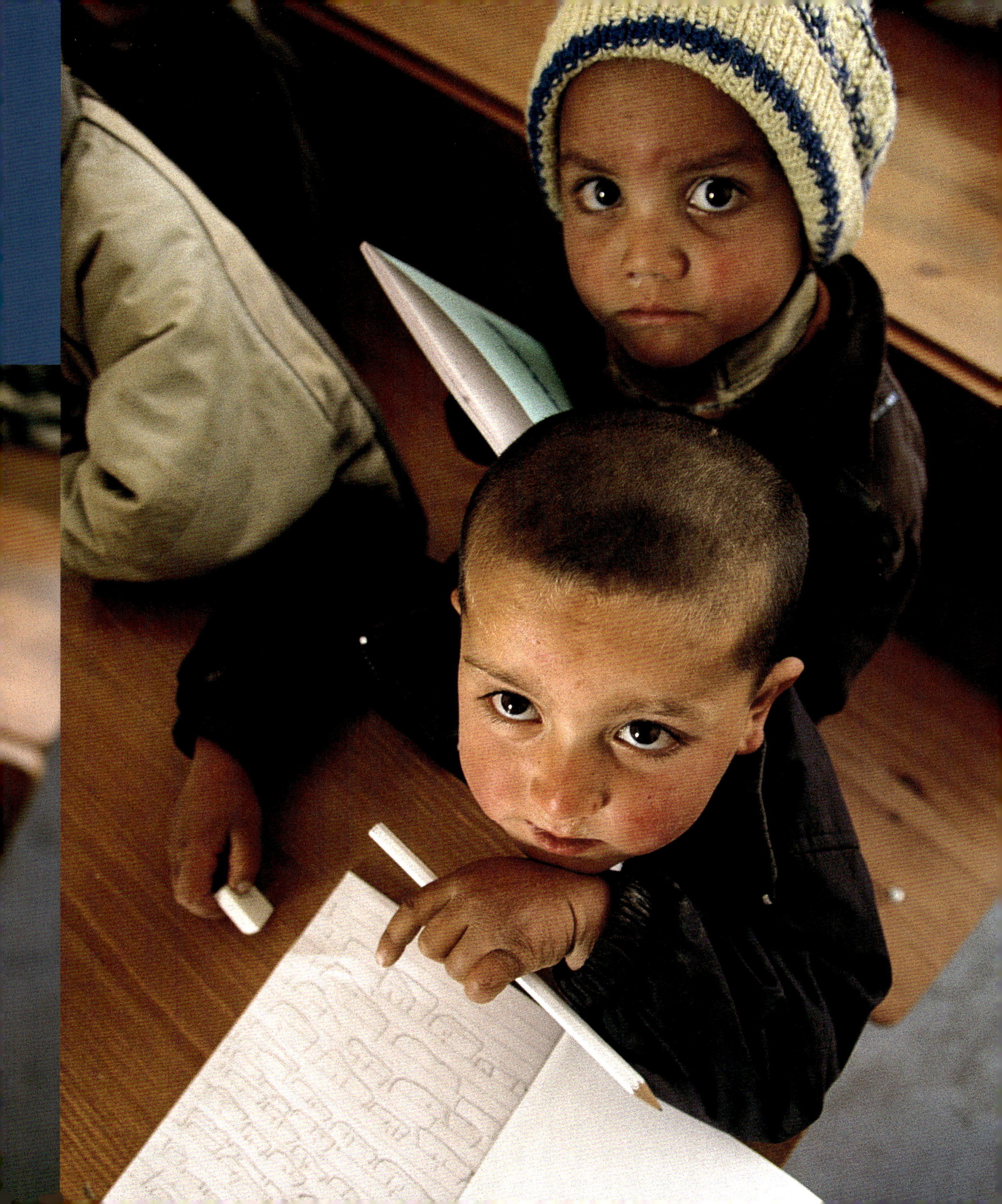

目をさますと、一面の雪。
子どもたちの朝いちばんの仕事は、
水くみだ。
つきさすような冷たさで、手が痛い。
屋根の雪かきもある。
雪がとけだして、家のなかに
漏ってこないように、
日が昇るまえにとりかかる。

左上：家の雪かきをする女性たち
左下：重い木のスコップで、雪かきをするカティブ
右上：わき水のあるところまで、水くみにむかうシャボナ（2年生）
右下：屋根の雪かきをするカティブと妹のモズガァ

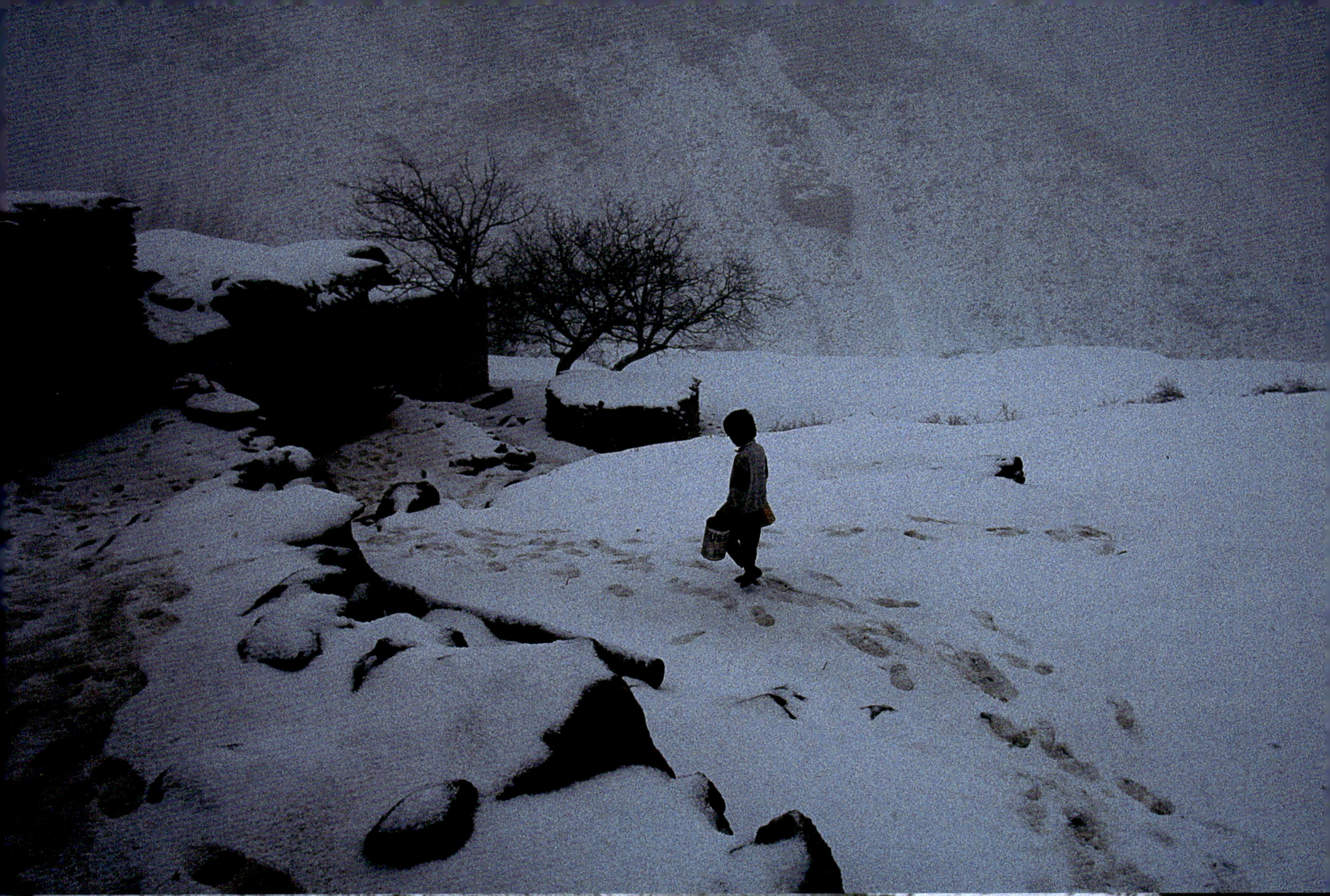

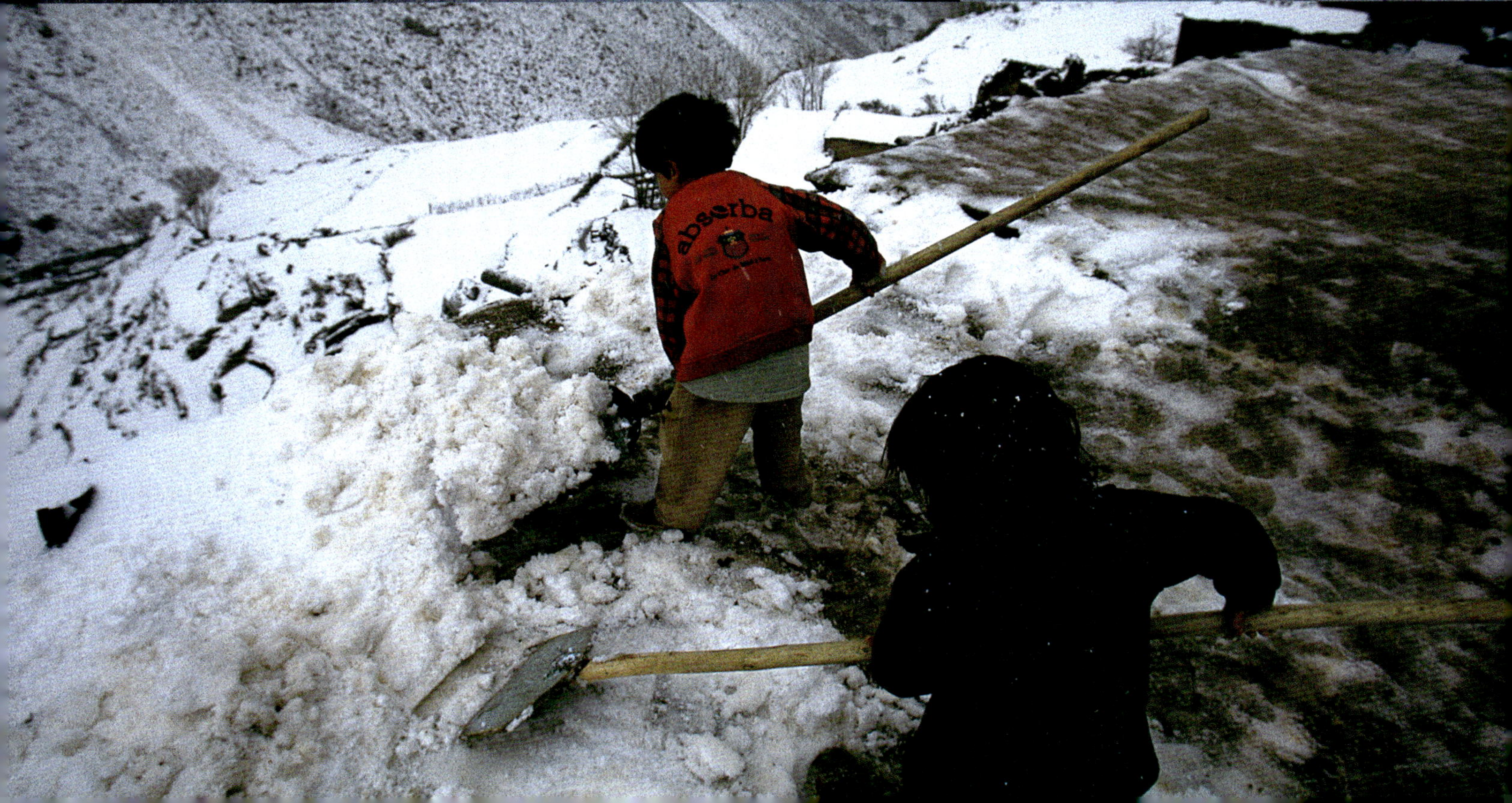
abserba

左上：雪合戦。雪玉はいたいけれど、冷たくて気持ちいい
左中：牛が駆けだし、あわてて追いかける
左下：雪玉をパチンコで遠くに飛ばしたショワイブ（3年生）
上：おじさんにぶつけたら、投げ返された

雪がふりつもる12月半ばから3月末まで、学校は冬休みになる。
羊や牛に草をやる仕事は朝に終わって、
近所のおじさんと雪合戦(ゆきがっせん)が始まった。

山の雪がとけはじめるのは４月。
じきにあんずやアーモンドの花が咲き、
峡谷が少しずつ色づいていく。
もうすぐ、待ちわびた春がやってくる。

上：早春のポーランデ川。
　　流れを右の方へくだったところに学校が見える
下左：大パノラマがひろがる家のテラスで、輪になって遊ぶ
下右：あんずの木に登って、春の峡谷を遠望するシャミナ（２年生）
右：花を咲かせたあんずの木と牛をつれた親子

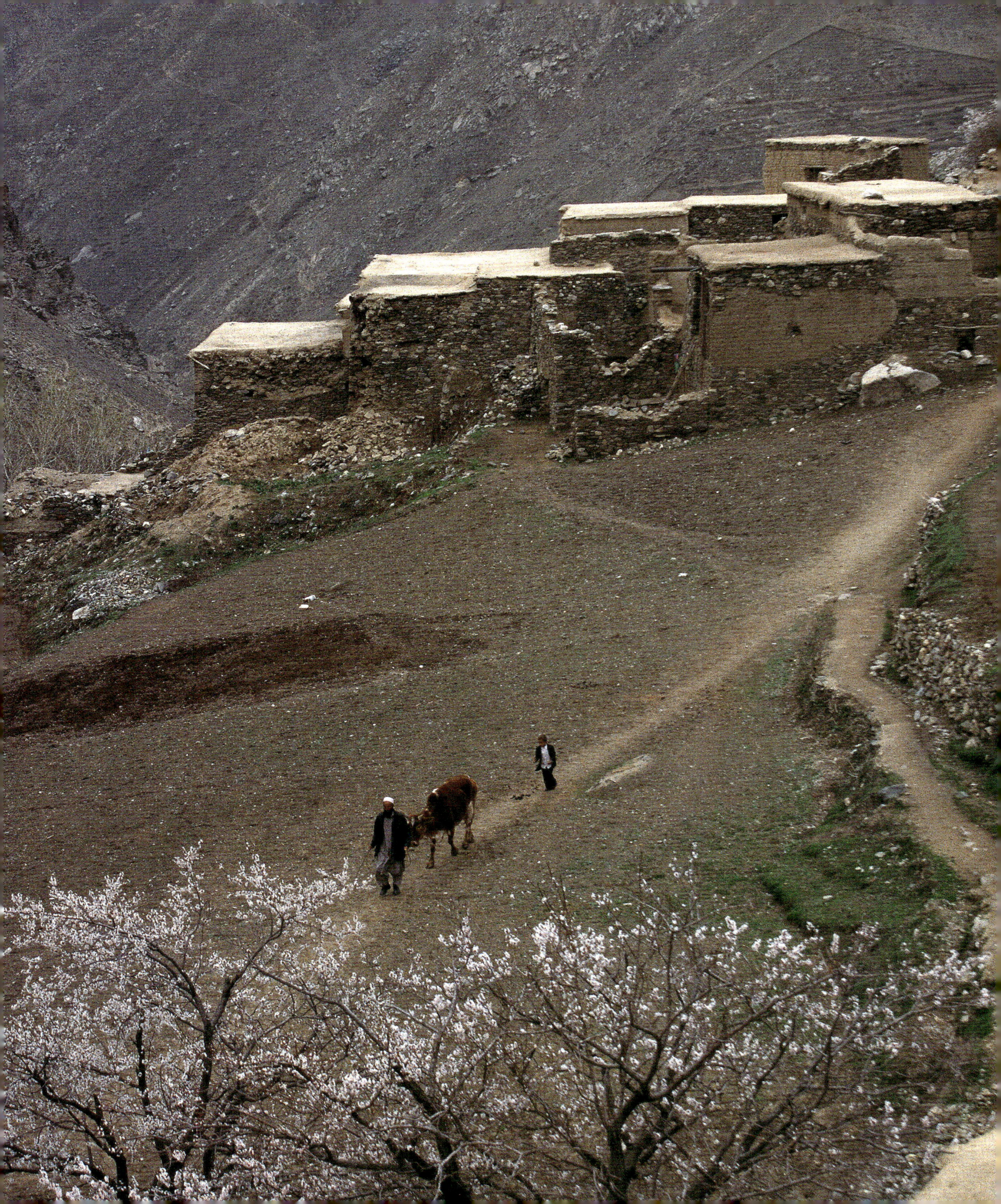

新学期が始まる日、山路にふたたび子どもたちの列ができる。
真新しい服に、大きなカバンをさげた新1年生の姿も見える。
はじめての学校、知らない先生、新しい仲間たち。
子どもたちの表情に、期待と不安が入り交じる。

上：雪どけ水がはげしく流れる川をわたって、学校にむかう
右上：春の山路を、お兄ちゃんに手をひかれて
右中：先生の話に聞き入る
右下：緊張している1年生のアブドル・ワハーブ

アフガニスタン、パンシール峡谷(きょうこく)。
山間(やまあい)に耳をすませば、子どもたちの声が聞こえる。

子どもたちの翼

長倉洋海

　アフガニスタンの首都カブールから北へ4時間ほど車を走らせると、パンシール峡谷がある。峡谷の中心の町は、バザラック。10軒前後の商店がぱらぱらと散らばっている、そのこぢんまりとした町並みをぬけると、道が急勾配になり、さらに北へ車で30分ほどヒンズークシ山脈をのぼりつめたところに、〈山の学校〉がある。

　〈山の学校〉には、ポーランデ地区の10の集落から子どもたちがかよってくる。小学校6学年と中学校1学年をあわせて、生徒数は168名。アフガニスタンではめずらしい男女共学の学校で、石づくりの校舎は、地元の人々が自分たちの手で建てた自慢のものだ。

最初の出会いから

　私が〈山の学校〉の子どもたちに最初に出会ったのは、2002年6月。戦争中は閉鎖されていた学校が、やっと再開したばかりのころだった。校舎には窓ガラスも扉もなかったが、地面にすわって授業を受ける子どもたちの真剣な目が印象的だった。その姿がわすれられなくて、翌2003年9月、ふたたび学校をおとずれた。冬が近づいたためか、教室には寒風が吹きこみ、土ぼこりが舞っていた。光がとどかない暗い教室で地面にはいつくばり、粗末なノートに黒板の字をうつす子どもたちを見たとき、この子たちのためにいすと机を買おうと思った。ちょうど懐には、「アフガニスタンの子どもたちの役に立ててください」と、日本の方から預かったお金があった。

　戦争が終わったとはいえ、まだまだ山奥の地域には復興の支援はとどいていない。政府から支払われるはずの先生たちの給与は遅滞がつづき、「このままでは授業をボイコットするしかない」と校長はいう。地域の人々の「学校を支援してもらえないか」という声に、私の心は動いた。戦争中、私は地域の指導者マスードに同行してこの地を何度もおとずれ、家に泊めてもらったり、食事の世話をしてもらったりと、村の人たちにはずいぶん助けられた。マスードは、近隣国に侵略されつづけたアフガニスタンの自主独立を願い、侵攻してきたソ連軍やパキスタンの支援を受ける原理主義集団タリバーンと戦いつづけたが、"9.11"（2001年9月11日に起きた、アメリカ同時多発テロ事件）の2日前、アラブ人の自爆テロに倒れた。彼はいつも、「未来を創るのは子どもたち。戦争が終わってからでは遅い。今から子どもの教育が必要なんだ」と話していた。道半ばで亡くなったマスードの夢の一端を担いたいという気持ちもあって、私は2度目の学校訪問後、日本で支援組織をつくり、それから毎年この学校をおとずれるようになった。

子どもたちの生活

　カラン、カラン――。朝8時、用務員のアブドルが学校の入り口で授業開始の鐘を鳴らす。その音が鳴りやむ寸前に、背中のザックを大きくゆらしながら、2年生になったばかりのゼケルラーが駆けこんできた。ただでさえ赤い頬が、息があがってまっ赤になっている。アブドルがちょっとにら

山の学校の先生と用務員さん（後列左から4人目がサフダル校長）
その後、女性教師も2人くわわった

んだものの、なんとか間にあって、ゼケルラーの顔に安堵の笑みがひろがった。

　授業直前に駆けこんでくる子が多いが、それは朝ねぼうのせいではない。子どもたちは朝5時には起きだして、牛や山羊、羊の放牧に山までいっている。朝食の準備を終えた姉さんや母さんが放牧の交代に来てくれて、やっと朝食をとり、学校にむかうことができるのだ。家族の交代が少しでも遅れると、子どもたちは朝食を食べる間もなく、大あわてで学校にやってくる。

　学校はイスラムの祝日の金曜をのぞいて、週6日。1日5科目の授業がある。科目には、国語のダリ語、算数、歴史、

小さな校庭にあつまった生徒たち

地理、理科、書写、コーラン、イスラム、体育や図工などがある。音楽は教えられる先生がいないので入っていない。授業は45分。3時間目が終わったところで、15分の休憩がある。鐘が鳴ると、子どもたちは教室を飛びだす。トイレにいく子、おもてで水を飲む子、石遊びやなわとびをする子。用水路のほとりでは、かばんからとりだしたナンを川の水で流しこんでいる子が多い。胡桃や、ヨーグルトをかちかちに固めたコルート、乾燥させたあんずや桑の実をおやつに食べる子もいる。みんな朝ごはんをゆっくり食べてこられなくて、お腹がすいているのだろう。

　男の子たちは、サッカーボールを持って駆けだす。ボールは私が日本からみやげに持参したものだ。が、運動場がわりの道路はせまく、岩だらけで、けがをしないかとハラハラする。まえに一度、うらの牧草地でサッカーをしたことがあったが、持ち主に「牧草がだめになる」と、さんざん怒ら

れた。女の子たちも同じ道路でバレーボールをする。スペースはかぎられているから、ほかの子は、石垣にすわって観戦だ。男の子がボールをけったり、女の子がボールをうちあげるたびに、子どもたちの歓声があがる。

　すべての授業が終わるのは、正午12時。子どもたちは朝とはちがって、ゆったりとした足どりで帰路につく。

　家で昼食をとったあとは、午後の放牧の仕事が待っている。家畜は一家の貴重な財産だ。家族が病気になったり、物入りのときには、市場で売って現金収入となるし、ヨーグルトやチーズ、バターをつくる食料源でもある。牛は自分で帰ってくるが、羊は目をはなせない。一度いっしょに放牧に出かけたことのある2年生のアミルハーンが、「羊が2匹、いなくなったんだ」と、話した。首都カブールに1年ほど転校していたあいだに、放牧の腕がにぶったのだろうか。山には狼もいる。しょんぼりしたようすが気の毒だった。夕方、すべての家畜をぶじ階下の家畜小屋に入れて、やっと子どもたちの1日の仕事が終わる。

　どの子も学校は大好きだが、家の仕事で来られない日もある。家族が町に出かけたり、病気になれば、子どもたちが学校を休んで家畜の世話をするしかない。とくに小麦の収穫期には、猫の手もかりたいくらいの忙しさになる。家族総出で終日、働かなければならない。通学日数が足りなかったり、また年度末試験に落ちると、落第もある。毎年、2人くらいは落第してしまう。

　毎日のように来られないからこそ、子どもたちは通学できることがうれしくてたまらない。「なんの科目が好き?」と聞いてみると、「どの科目も好きだよ」と答える男の子。「好き

新しい机にうれしそうなマリナ(左)とマニジャ(右)

なものは？」と聞くと、うつむいて、「テレビが好き」と答える女の子。町の親類の家で見たのだという。質問を受けるたびに、となりの女の子と顔を見あわせ、クスッと笑う。学校は、日常の家事から解放され、同年代の仲間と出会い、好奇心をひろげ、そして将来の夢を育てるたいせつな場所なのだ。

〈山の学校〉の子どもたちはやさしい。休み時間に食べていたおやつをわけてくれたので、「おいしいね」というと、翌日どっさり持ってきて、私にそっとプレゼントしてくれる。別れのときには、胡桃やあんず、コルート、タラハーン（桑の実を固めたもの）などを山のように用意してくれた。

子どもたちは、みな兄弟が多い。平均で5人、多い家庭では7人から8人だろうか。おさがりの古着を着て、足もとはボロボロのゴム靴。顔も手も、寒風と太陽の光にさらされてまっ赤になっている。けれども不満ひとついわずに、懸命に家のてつだいをする。水くみ、家畜の世話、食事のしたく……。客が来ると、家につづく石段の石をあがりやすいように置きかえたり、少しでも明るくなるようにとランプを掃除したりしている。写真を撮ろうとすると、いかにもうれしそうに、ニコッと笑う。そのはにかむ表情がとてもいい。

子どもたちの現実と将来の夢

20年以上つづいたアフガニスタンの戦争が終わって5年がたつが、まだ戦争の傷はいえてはいない。全校生徒のうち48名の父親が、戦争で亡くなっていたことを知ったときには衝撃を受けた。のこされた家族は、まわりの人たちに助けられながら生きている。また、門番のおじさんメザメディンが山に燃料の薪をとりにいき、地雷を踏んで片足をうしなったと聞いたときも、ショックだった。このあたりには地雷はないと、村人から聞いていたからだ。子どもたちが放牧のときに踏むことはないのかと、心配になる。

山では落石事故もある。現在5年生のナスラトラーは2年前、川で泳いでいるときに岩が落ちてきて、片足をなくした。「病院にすぐはこぶことができれば、足を切断しなくてすんだ」と、先生が話すのを聞いた。この地域には病院がなく、手遅れになる場合もある。3年生のジュマ・ハーンの母親は昨年、妊娠中毒症で死んでしまった。

大好きな学校をつづけられなくなる生徒もいる。4年生を

父親と農作業をする兄弟。左から、アヘラ（4年生）、ファリダ（4年生）、ローヤ（3年生）、サリー（3年生）、一番手前がジョノゴ（1年生）

2年つづけて落第してしまったサタールは、学業をあきらめて、カブールの町工場で働くことになった。父親をうしなったゴボルディン（5年生）と、フェザイア（4年生）の兄弟は、ここでは生活が苦しいので、親類をたよってバザラックの町に一家で移っていった。

5度目の訪問をした2006年5月にも、つらいニュースにふれた。隣家の壁にかくされていた爆薬に火事の火が引火して、5年生のモハマッド・ハーンが死んでしまったのだ。その爆薬は、80年代にソ連軍とたたかうためかくされたものだったようだが、かくした本人はすでに死んでいて、だれも知らなかったらしい。背が中学生のように高いけれど、あどけない笑顔が印象的だったハーンは、「将来は大統領になりたい」と話していた。爆発で屋根がくずれ落ち、姉もいっしょに亡くなったという。同じ家にいながら難をのがれた父親は、「これも運命なのかもしれない」と、がっくり肩を落としていた。

こうしたきびしい現実に日々むきあいながらも、子どもたちは今日も元気に学校にかよってくる。医者、電気技師、先生、大臣、運転手、道路建設者…。どの子も将来の夢を語ってくれる。この学校が、子どもたちが未来へはばたくための翼になってほしいと思う。

たくさんの苦難を乗りこえ、戦争の痛みを知っているかれらが大人になったとき、ほんとうの平和を創りだすことができるはずだ。その日が来るまで、私は見つづけていきたい。それが、この国の戦いで逝った多くの人々の冥福を祈ることにもなると思うから。

長倉洋海（ながくら ひろみ）

1952年北海道釧路市生まれ。写真家。
1980年よりアフリカ、中東、中南米、東南アジアなど世界の紛争地を訪れ、そこに生きる人々を見つめてきた。アフガニスタンは1980年から取材を続けている。
写真集に「サルバドル——救世主の国」（日本ジャーナリスト会議奨励賞／宝島社）「マスード——愛しの大地アフガン」（第十二回土門拳賞／新装版・河出書房新社）「南アフリカ」（平凡社）「地を這うように——長倉洋海全写真1980-96」（新潮社フォトミュゼ）「人間が好き——アマゾン先住民からの伝言」（産経児童出版文化賞／福音館書店）「ともだち Dear Friend」（偕成社）「コソボの少年」（偕成社）「獅子よ瞑れ——アフガン 1980-2002」（発売：河出書房新社）「涙——だれかにあいたくて」（PHP研究所）「きみが微笑む時」（福音館書店）「ザビット一家、家を建てる」（講談社出版文化賞写真賞／偕成社）など。
著書に「マスードの戦い」（河出文庫）「フォト・ジャーナリストの眼」（岩波新書）「鳥のように、川のように——森の哲人アユトンとの旅」（徳間書店）「子どもたちのアフガニスタン」（岩波ブックレット）「アフガニスタン——敗れざる魂」（新潮社）「ヘスースとフランシスコ——エル・サルバドル内戦を生きぬいて」（福音館書店／さがみはら写真賞）など。
2005年には、出演したTV番組「課外授業 ようこそ先輩『世界にひろがれ、笑顔の力』」（NHKエンタープライズ制作）がカナダ・バンフの国際テレビ祭・ファミリー青少年部門の最優秀作品賞ロッキー賞を受賞。

アフガニスタン 山の学校 支援の会

「アフガニスタン 山の学校支援の会」は、著者が取材活動を通して出会った、アフガニスタン・パンシール峡谷ポーランデ地区の子どもたちの教育支援を目的として設立された非営利団体です。会では、支援継続のため広く会員を募集しています。詳しくは下記のURLをご覧ください。

http://www.h-nagakura.net/yamanogakko
〒187-0032　東京都小平市小川町1-1701-15　比留川気付
TEL/FAX 042-345-7805

アフガニスタン　山の学校の子どもたち

著者	長倉洋海
発行	2006年9月1刷　2019年8月9刷
発行者	今村正樹
発行所	偕成社
	〒162-8450　東京都新宿区市谷砂土原町3-5
	電話 03-3260-3221（販売部）　03-3260-3229（編集部）
	http://www.kaiseisha.co.jp/
デザイン	桂川 潤
印刷所	株式会社 東京印書館（製版：高柳 昇）
製本所	株式会社 難波製本

NDC748　27×23cm　64p　ISBN978-4-03-016440-6
©2006, Hiromi NAGAKURA
Published by KAISEI-SHA, printed in Japan.
落丁・乱丁本はお取りかえいたします。

本のご注文は電話・ファックス・またはEメールでお受けしています。
tel：03-3260-3221　fax：03-3260-3222　e-mail：sales@kaiseisha.co.jp

見返しイラスト　近藤理恵